Coordenação por Iara Mastine
ilustração por Kuy

BOX Intenção de mãe

Literare Books
INTERNATIONAL
BRASIL · EUROPA · USA · JAPÃO

PRESIDENTE
Mauricio Sita

VICE-PRESIDENTE
Alessandra Ksenhuck

DIRETORA EXECUTIVA
Julyana Rosa

DIRETORA DE PROJETOS
Gleide Santos

RELACIONAMENTO COM O CLIENTE
Claudia Pires

EDITOR
Enrico Giglio de Oliveira

ASSISTENTE EDITORIAL
Luis Gustavo da Silva Barboza

REVISÃO
Ivani Rezende

CAPA E ILUSTRAÇÃO
Kuy

DESIGNER EDITORIAL
Lucas Yamauchi

IMPRESSÃO
Gráfica Paym

Dados Internacionais de Catalogação na Publicação (CIP)
(eDOC BRASIL, Belo Horizonte/MG)

I61 Intenção de mãe / Coordenação Iara Mastine; ilustrações Kuy. – São Paulo, SP: Literare Books International, 2022.
144 p. : il. ; 12 x 18 cm

ISBN 978-65-5922-392-3

1. Maternidade. 2. Mães e filhos. 3. Gravidez. I. Mastine, Iara. II. Kuy.

CDD 392.12

Elaborado por Maurício Amormino Júnior – CRB6/2422

LITERARE BOOKS INTERNATIONAL LTDA.
Rua Antônio Augusto Covello, 472
Vila Mariana — São Paulo, SP. CEP 01550-060
+55 11 2659-0968 | www.literarebooks.com.br
contato@literarebooks.com.br

SUMÁRIO

Mente de Principiante

Confiança

Não esforço

Não julgar

Paciência

Deixar ir

PREFÁCIO

Como boa parte das mulheres, eu sempre quis ser mãe. E sofri cada vez que me passou pela cabeça o risco de acabar não tendo filhos, apesar do meu desejo. No entanto, quando a maternidade enfim aconteceu para mim, há 18 anos, eu me sentia muito pouco pronta para ela. Nada me preparou para todas as inseguranças que foram para casa comigo depois da alta no hospital. Eu queria ser a melhor mãe possível para aquele menininho e a verdade é que não tinha a menor certeza de como fazer isso.

Ter filhos é se aventurar por uma montanha russa de emoções. Dá medo. Medo de não ser boa o suficiente, de falhar. Eu tive muito medo quando meu primogênito nasceu, com 31 semanas, pesando apenas 1,4 quilo. E tive muito medo de novo quando meu caçula foi diagnosticado, aos 6 anos, com um transtorno psíquico. E agora que eles já são rapazes ainda tenho muitos medos – talvez até mais do que antes, quando eram crianças.

Realmente não é tarefa simples ser uma mãe. Mas descobri pelo caminho que a missão fica bem mais fácil se você não está sozinha, se pode contar com o suporte de mulheres que enfrentam os mesmos desafios diários e convivem com as mesmas dúvidas. Neste box, você encontrará o apoio de algumas delas. Mães que viveram as mesmas angústias e escolheram compartilhar seus aprendizados, tornando a jornada mais fácil para outras.

Com reflexões curtas, as cartas que elas escreveram vão provocar uma revolução no seu jeito de enxergar a maternidade e vão torná-la mais leve para você. Leia todas de uma vez, ou uma a cada dia. Escolha uma carta aleatoriamente naquele dia mais difícil. De qualquer forma, não tenho dúvida, a leitura será um sopro quente no seu coração.

Ivana Moreira, jornalista e educadora parental. Idealizadora do Congresso Internacional de Educação Parental.

INTRODUÇÃO

A parentalidade consciente permite uma reflexão sobre o que realmente é importante como pai e mãe, em cada momento, alinhando os valores às intenções de cada família.

É um caminho no qual, primeiro, é necessário perceber e aceitar a si próprio, para depois olhar o outro. É um processo em que abrimos as gavetas das memórias e emoções que deixamos fechadas por muito tempo e acolhemos o que temos dentro de nós.

Dessa forma, conseguiremos parar de reagir aos comportamentos dos nossos filhos para agirmos com consciência, olhando e acolhendo as necessidades de todos, incluindo as nossas.

Consciência tem a ver com conexão. Conexão consigo mesma e com o outro.

A parentalidade consciente é um processo de aprofundamento contínuo, pautado na atenção plena.

John Kabat-Zinn propõe 7 atitudes básicas, que constituem os principais suportes da atenção plena na parentalidade: não julgar, paciência, mente do principiante, confiança, não esforço, aceitação e deixar ir.

Essas atitudes são interdependentes, influenciando uma às outras.

Não julgar

Com essa atitude, assumimos uma posição de imparcialidade. Não há rótulos nem juízos que nos levam a posições precipitadas para nos posicionar a favor ou contra. Estamos no lugar de observadores e agimos com acolhimento.

Paciência

Significa observar e acolher o tempo. Com esta atitude, permanecemos abertos e em movimento. Nós nos preparamos e entendemos que as coisas precisam se desdobrar em seu tempo.

Mente de Principiante

É olhar para as coisas de uma maneira nova, com curiosidade, abertura, contemplando como se fosse a primeira vez. Com esta atitude, abandonamos as expectativas baseadas em experiências anteriores, para poder compreender que nenhum momento é igual a outro. Toda interação deve ser única, e sempre podemos aprender alguma coisa.

Confiança

Esta atitude reconhece a necessidade de confiar em si mesmo e em seus sentimentos. Confiar no tempo, com paciência. Olhar para a própria intuição.

Não esforço

Esta atitude está relacionada com o aceitar sem pressão, olhar as coisas como são e como são apresentadas, dando mais ênfase ao processo. É observar com atenção em como está neste momento, sem a necessidade de mudar nada. Não há luta interior, mas continuar em ação, acolhendo o seu estado emocional, sem esforço.

Aceitação

Aceitar é estar em paz com o que é. É observar o que acontece e acolher. Muitas vezes, é aceitando a situação que promovemos mudança. Não devemos confundir aceitação com desesperança ou passividade. A aceitação significa desenvolver a disposição de ver as coisas como elas são, a fim de tomar decisões melhores e mais sábias.

Não é concordar. Também não é não fazer nada, pelo contrário, a aceitação é capaz de promover mudanças. Quando você aceita, observa as coisas claramente e consegue saber o que fazer. O oposto da aceitação é a resistência (essa traz sofrimento).

Deixar ir

Deixar ir a ansiedade de controle que nós geralmente temos. Deixar ir as expectativas relacionadas com "como as coisas devem ser", para acolher o sentir no agora. Essa atitude acontece por si só. É abandonar a rigidez para dar espaço à nossa experiência interior.

Para colocar em prática as 7 atitudes de *mindfulness*, vamos refletir sob o ponto de vista das intenções.

Tudo começa nas nossas intenções. Quando temos claro qual é a nossa intenção, sabemos como construir o caminhar na parentalidade consciente.

Reconhecer sua intenção minimiza a interação do piloto automático, agindo completamente desconectado, distraído, distante e muitas vezes indisponível para uma parentalidade consciente.

Sem o olhar para a intenção, pautada nas atitudes de *mindfulness*, passamos a maior parte do nosso tempo presos ao passado ou preocupados com o futuro, sem reconhecer que deveríamos estar no momento presente. É aqui e agora que os nossos filhos precisam de nós.

A seguir, vocês conhecerão vários cartões com intenções de mães. Cada cartão refere-se a uma atitude de *mindfulness*.

Utilize os cartões seguindo sua própria intenção. Reflita sobre as falas e permita-se viver em uma parentalidade consciente.

Iara Luisa Mastine

ACEITAÇÃO

Amanda Messa de Lima

CRP 06/146548

Psicóloga pela Universidade Filadélfia de Londrina UNIFIL-PR. Pós-graduanda em Terapia Cognitivo-comportamental pela Pontifícia Universidade Católica do Rio Grande do Sul (PUC-RS). Em formação em Terapia do Esquema para Crianças e Adolescentes pelo Instituto de Teoria e Pesquisa em TCC. Certificada em Educação Emocional Positiva com Miriam Rodrigues. Pós-graduada em Psicopedagogia pela Pontifícia Universidade Católica de São Paulo (PUC-SP). Certificação Mentoria de Parentalidade Consciente com Iara Mastine.

Contatos
contato@amandamessa.com.br
11 95151 6088

Existe uma "dupla forte" presente na nossa cabeça que trabalha incansavelmente para registrar tudo o que aprendemos, sentimos e pensamos. Essa dupla se chama mente e cérebro.

Cada um tem uma responsabilidade. O cérebro registra que, se nos machucarmos, podemos sentir dor, então ele toma decisões que evitem a dor. E a mente interpreta, ela capta o que sentimos, reflete e chega a uma conclusão.

Por isso, às vezes é mais fácil viver no piloto automático e obedecer a esse cérebro que evita sempre a luta.

E se não fugirmos? Daí a mente vem para nos trazer interpretações sobre aquilo que pensamos, e essas interpretações nem sempre são boas. Muitas vezes escutamos uma voz crítica, julgadora, que espera sempre mais.

E como mudar esse ciclo? Permitindo-se deixar as coisas como estão. Aceitando que o que você é e o que você já tem, tudo o que você precisa para viver suas experiências no agora.

Acolha-se no agora, perceba o que acontece a sua volta, se emocione com o que é belo aos seus olhos, sinta o cheiro do ambiente em que você está, sinta o abraço do seu filho que às vezes é forte e leve, às vezes é aquele abraço que te acolhe ou te pede colo. Seja intencional no seu olhar, leve a sua mente para aquilo que silencia o seu coração e que te traz paz.

Ana Rita Santos Herman

CRP 06/41407

Psicóloga e mãe da Julia e do Nicolas. Tem experiência no atendimento clínico e hospitalar com crianças, adolescentes e adultos, seguindo a abordagem da Terapia Cognitivo-comportamental. Sua paixão é trabalhar com crianças e seus cuidadores. Atualmente realiza atendimentos on-line como supervisora e psicóloga clínica. Doutora em Ciências da Saúde pela FAMERP-Faculdade de Medicina de São José do Rio Preto, mestre em Psicologia Clínica pela PUC- Campinas, Mentoria em Parentalidade Consciente e Disciplina Positiva/PDA, facilitadora do Programa Educação Emocional Positiva, certificada em Psicologia Positiva, pós-graduada em Comportamento/Saúde e Aprimoramento em Psicologia da Saúde.

Contatos

anaritaherman@gmail.com

LinkedIn: Ana Rita Herman

Instagram: @anaritahermanpsicologia

Às vezes, em determinadas situações na relação com nosso filho, não percebemos que nossas emoções estão no limite de um comportamento explosivo. Perceber essas emoções e sentimentos em nós mesmos, no momento presente, é muito difícil, pois estamos nos comportando, provavelmente, de forma oposta aos nossos valores e intenções como, por exemplo, gritar com nosso filho.

Por meio da observação do momento presente e identificação de nossas necessidades, sem autojulgamentos, percebemos que "somos pais imperfeitos" e que isso não é tão ruim como pensávamos, considerando que a "reparação do erro" nos coloca novamente no caminho das intenções e reconexões com nosso filho.

O ato de se desculpar envolve a capacidade de assumirmos a responsabilidades pelos nossos erros e de formas diferentes de nos relacionarmos, pois se continuarmos a fazer "do mesmo jeito", nada mudará.

Aceitar e acolher erros e imperfeições, além de fazer parte da parentalidade, são modelos de comportamentos para os nossos filhos. O pedido de desculpas não interfere ou limita a autoridade, pelo contrário, representa princípios e valores, como o respeito, coragem, responsabilidade e integridade.

Nossos filhos não precisam de pais perfeitos, mas sim de pais capazes de se aceitarem e buscarem se reconectar quando as coisas não estão bem. Aceite! Deixe ir suas expectativas de perfeição, pois sabemos que é algo inatingível, mas lembre-se de que somos os "pais suficientes para ele" seguindo nossa jornada de intenção.

Carol Campos

CRP 06/146161

Atuação clínica na infância, adolescência e orientação para pais; orientação profissional para adolescentes; formação em Psicologia Cognitivo-comportamental; pós-graduanda em Psicologia Cognitivo-comportamental da Infância e Adolescência; mentoria de Parentalidade Consciente com Iara Mastine; cofundadora do projeto para pais @adolescenciasimples; *master coach* - SBC. Casada com Alexandre e mãe do Davi (17 anos).

Contatos

www.psiflorescer.com.br
carolcampos_psico@gmail.com
Instagram: @carolcampos_psico
12 98132 9806

Você já ouviu falar ou até mesmo já pensou que aceitar é concordar, se conformar ou não fazer nada a respeito? Se sua resposta foi sim, agora é hora de ampliar ou buscar um novo olhar, pois a atitude de aceitação é sobre entender que você não precisa de uma condição para se sentir bem consigo mesmo ou com ou outro, é sobre não dar voz a pensamentos do tipo "deveria ser" ou "se fosse", é sobre não resistir ou lutar contra uma realidade que simplesmente é, e que está fora do meu controle.

Tente começar essa prática pela autoaceitação. Se olhe sem julgamentos ou culpas, se acolha, aceite que é vulnerável e nem sempre dará conta de tudo e está tudo bem. A partir disso, será mais fácil trabalhar a aceitação com as situações externas, com as outras pessoas e, principalmente, com a nossa parentalidade.

Aceitar verdadeiramente um filho como ele é, às vezes com um diagnóstico inesperado ou um temperamento diferente das expectativas não se trata de se conformar e nada fazer, mas sim buscar compreender, observar com clareza a situação para saber como e quando agir. É sobre deixar fluir o amor incondicional, ouvir suas intuições, conquistar a paz que é fundamental para encontrar a resposta certa e, pela entrega plena, colocar em ação o que pode e o que precisa ser feito.

Mas será que é simples praticar essa tal de aceitação? Não é fácil, por isso tendemos a resistir ou desistir. O convite aqui é para buscar a compreensão de que determinada realidade simplesmente é e não depende do meu querer. Assim, poderá seguir em paz buscando caminhos mais leves, rumo às mudanças possíveis e necessárias.

Denise Alves de Siqueira Castro Silva

CRP 06/80554

Psicóloga especialista em Terapia Cognitiva-comportamental pela Universidade de São Paulo (USP); pós-graduada em Neuropsicologia pelo Hospital das Clínicas-Faculdade de Medicina da USP; pós-graduada em Reabilitação Cognitiva pelo Hospital das Clínicas-Faculdade de Medicina da USP; pós-graduada em Psicopedagogia Clínica e Organizacional. Certificação internacional em Psicologia Positiva - Wholebeing Institute Brasil; certificação internacional em Disciplina Positiva - Positive Discipline Association. Mentoria de Parentalidade Consciente com Iara Mastine.

Contatos
denisesiq@hotmail.com
12 98890 4758

Já parou para observar o quanto de esforço e energia você emprega quando resiste a algo? Quando luta para modificar uma situação que não pode ser modificada? Você já observou o quanto você se desgasta e se frustra e o quanto isso adoece o seu eu e as suas relações dificultando ainda mais a solução do que não está bem?

A aceitação de uma situação está longe de ser acomodação, está longe de ser permissividade, está longe de ser uma concordância com algo que está errado ou que te desagrada, pelo contrário. A aceitação é a ação de observar, de procurar entender sem julgamento, de ir além do que os olhos veem. Aceitação é a compreensão de que algo é assim, que existe, que é uma realidade que independe do meu querer. A tristeza é tristeza, não conseguir dar conta de tudo é um fato real, uma família perfeita não existe, o filho tem a sua personalidade, aceitar essas situações é o primeiro passo para encontrar uma solução de "viver com" algo da melhor forma que eu encontrar.

Quando conseguimos praticar a aceitação primeiramente conosco, conseguimos praticar de forma verdadeira com as pessoas e com as situações externas. A aceitação gera paz, nos impulsiona a agir no sentido de um caminho mais genuíno de mudança.

Pratique a aceitação iniciando com pequenos "micropassos": quando estiver passando por uma situação desagradável, pare, observe sem julgamento, acolha, aceite e, em paz e com clareza, saberá seguir o caminho para uma mudança.

Flavia Maria Bezerra Consentino

CR-SBNPp 3951

Flávia Maria Bezerra Consentino, está há 26 anos na área da educação, é professora especialista em Educação Especial, neuropsicopedagoga e consultora educacional. Graduou-se em Letras e Pedagogia, com pós-graduação em Educação Especial Inclusiva e especializou-se em Psicomotricidade, Altas Habilidades/Superdotação, Dislexia, TDAH, TEA, Educação Emocional Positiva e Parentalidade Consciente. É autora de livros infantojuvenis, de artigos científicos e coautora de material didático. Em sua atuação com pessoas com deficiências, transtornos do neurodesenvolvimento, dificuldades de aprendizagem, bem como na articulação com outros profissionais e com as famílias, ela tem contribuído positivamente, pois adotou como sua missão, apoiar o indivíduo no reconhecimento de que ele tem potencialidades a serem desenvolvidas, que é capaz, que é único e importante. É fascinada pela Neurociência e, a partir do conhecimento de como o cérebro aprende, planeja suas ações com base em evidências científicas.

Contatos
@neuropp.flaviabezerra
11 97306-7355

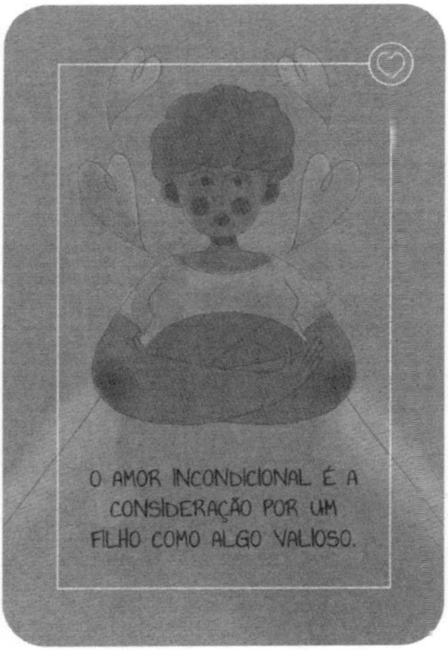

Amar seu filho não garante que ele sinta esse amor. Você pode pensar que ele já sabe sobre esse amor, mas, na verdade, enquanto algumas crianças, naturalmente, se sentem amadas, outras não, mesmo que seus pais se preocupem profundamente com elas. Então, para que seu filho desenvolva o senso de pertencimento, encorajamento e habilidades para a vida, é preciso expressar preocupação com ele, de que ele é amado e único, com olhar de respeito e espaço para seu crescimento pessoal.

Estabelecer uma relação de confiança numa comunicação empática, na qual você demonstra que compreende o que o filho está sentindo, proporcionando-lhe a segurança de que fará tudo o que estiver ao alcance para ajudá-lo, é essencial para ele desenvolver sentimentos positivos ou negativos acerca de sua dignidade pessoal, baseando-se em suas próprias experiências vividas.

É pelas suas atitudes e exemplo de amor sem limites, reconfortará e acalmará seu filho, auxiliando-o na promoção da autonomia para prosperar e ganhar a autoconfiança necessária para saber lidar com os desafios que poderão ser apresentados em seu cotidiano, mas, sobretudo, estará potencializando o seu amor incondicional na pretensão de que ele transborde na vida de seu filho e, consequentemente, na de todos aqueles que se relacionarem com ele.

Iara Luisa Mastine

CRP 06/79034

Iara Luisa Mastine é psicóloga, neuropsicóloga, especialista e trainer em mindfulness infantil. Reside em São Paulo, onde atua como psicoterapeuta infantojuvenil e na orientação de pais. É palestrante e facilitadora de treinamentos referentes à parentalidade e ao desenvolvimento infantil. A literatura infantil está sempre presente em seu dia a dia, assim como o atode construir e adaptar histórias que proporcionam a reflexão e a construção de novos conceitos e recursos terapêuticos. É a idealizadora do Livroterapia infantil. Trabalhar com crianças e brincar com a imaginação e a criatividade foi a forma que encontrou para colocar em prática seu encanto por esse público tão especial.

Contatos
www.iaramastine.com.br
Instagram: @iaramastine
Youtube: iaramastine
Linkedin: iaramastine
Consultório: 11 983428585

Quando um ciclo se fecha, alguns sentimentos vêm à tona. Pode aparecer o medo, a insegurança, o alívio, a compaixão. Pode ser a paz que esperávamos ou a incerteza de novos tempos.

Vida é fluxo, é movimento.

Negar o que a vida nos oferece pode gerar sofrimento, assim como aceitar novos caminhos e oportunidades pode proporcionar libertação.

A aceitação não é baixar a cabeça; pelo contrário. Aceitação é olhar por meio de. Aceitação gera movimento, promove esperança e cria oportunidades.

Aceitar é olhar para o difícil e decidir o que deseja fazer, como deve gerenciar esses pensamentos e sentimentos que habitam você.

Quando um ciclo se fecha, outro se abre. A vida é feita de ciclos, e muitos se entrelaçam.

Construa sua teia acolhendo os seus ciclos, aceitando sua trajetória e aprimorando seu caminhar com esperança e amor.

Maria Cristina Marcon Martinez

Diretora e mantenedora há 20 anos da escola de educação infantil Ver Crescer; pós-graduada em Medicina Comportamental pela UNIFESP (Universidade Federal de São Paulo). Escritora e educadora parental.

Contatos
crismartinez@vercrescer.com
11 99741 7644 / 11 99588 4001

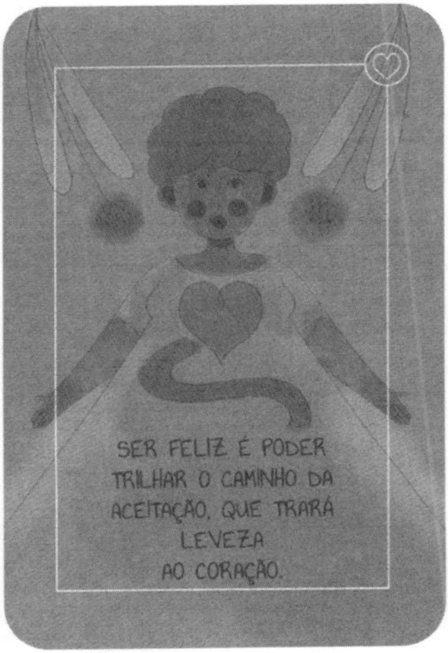

Pense em um GPS emotivo. Um GPS que proporciona um olhar para a vida, sem julgar. Um GPS que proporciona movimento e a reflexão sobre os caminhos do coração.

Aceitar o que se pode fazer de melhor para o momento presente, de forma lúcida e alinhada com os próprios valores. Com essa atitude, torna-se receptivo e aberto ao sentir, pensar e ver. É preciso aceitar, porque o hoje simplesmente existe.

O agora é o único tempo que há para qualquer coisa. Pode não estar feliz, mas existe esse sentimento que está presente, um caráter de olhar aquilo que se pode ser fiel ao que está no seu coração e fazer com que isso não seja uma resignação à dor. “Eu não gostaria que fosse desse jeito”, então o que fazer para aplacar essa dor?

Isso aconteceu, e aceitar como realmente é marca o início da transformação. Tocar e perceber onde estar e não se perder nisso para iniciar aceitação mindfulness. Aprender a lidar com o modo que o mundo é e, em cima deste, fazer o seu melhor. Ao se forçar para que situações sejam como se gostaria que fossem, geram-se tensões, perde-se energia para novas possibilidades e descobertas, inserir o destino em nosso GPS e voltar a acreditar em você.

Mente de principiante

Anne Françoise

Heartmath coach e *trainer* no Brasil e Bénélux. Administradora graduada pela Faculdade Getulio Vargas (com Bolsa de melhor desempenho acadêmico); carreira em marketing estratégico em *startups* (Procter&Gamble; Ferrero, Pillsbury); formação no programa "Vivendo Valores na Educação" pelo Instituto Brahma Kumaris/Unesco; atuação nas creches do Centro Jovem do Colégio Santa Cruz; participação na Mentoria de Parentalidade Consciente Iara Mastine; formação em Vivências com a Natureza pelo Instituto Romã/Método Joseph Cornell; praticante de meditação há mais de 18 anos. Terapêuta corporal com enfoque em massagens de caráter terapêutico, visando restabelecer o ritmo do organismo e o bem-estar (massagem rítmica pelo Instituto Askelpios); massagem de Breuss (Suíça); massagem para grávidas e crianças (Suíça); massagem sueca clássica e suas variações; Aplicação de reiki nível II.

Contatos
www.heartsoncare.com.br
contato@heartsoncare.com.br
Instagram:@heartsoncare
Facebook: www.facebook.com/heartsoncare
11 97338 7111

No encontro consigo mesma, não existe dualidade, dúvida ou culpa, pois age com total convicção e sabedoria. Age de dentro para fora e não re-age aos estímulos e provocações externas. Ganha a força de um raio laser que concentra sua luz, em oposto à lâmpada convencional, que difusa sua potência, tornando-se mais fraca.

Ganha não só essa força do laser, mas também a calma do olho do furacão, onde tudo é absolutamente tranquilo independente da tormenta que está ao lado.

Retomando um provérbio budista, nesse estado é possível exercer a verdadeira compaixão, que exige costas firmes com um peito aberto. Se não tiver as costas firmes, desabará com o outro que está pedindo ajuda ou direção. Se, por outro lado, só fica firme, sem abrir seu coração na escuta e compreensão do outro, o afasta de si e não o ajuda.

Essa escuta de si mesmo permite exercer de forma natural a sua autoridade amorosa, ficando longe das polaridades do autoritarismo, que afasta e não constrói, e da permissividade, que enfraquece e traz consequências nefastas. Essa firmeza e doçura tornam mais fácil colocar limites nas relações, bem como favorece a construção de relações duradouras. Um verdadeiro presente.

Fabiana Ribas

Contato
Instagram: @fabianaribas.terapeuta

Esposa do Marcelo, mãe do Henrique e da Isabela. Terapeuta de família e casal, educadora parental, certificada em Disciplina Positiva, certificada em Sono e Apego Seguro.

Kaite Prado

Contato
Instagram: @psicologa.kaiteprado

Psicóloga, especialista em Saúde Mental e Psicologia Clínica, aluna da mentoria de Parentalidade Consciente com Iara Mastine, e diversos cursos na área infantojuvenil.

Ter uma ação responsiva faz parte das atribuições da família. Observar os filhos com um olhar gentil e curioso para cada comportamento, com a intenção de entender as necessidades sem julgamentos, mas com acolhimento, permite a conexão e respeito, favorecendo uma ação com mais presença e entrega.

Todo comportamento desafiador tem um significado, uma necessidade. Desse modo, é necessário estar disposto a treinar o olhar, se entregar nessa relação para construir laços de afeto, vínculo e respeito. Tudo isso faz parte de uma parentalidade consciente e saudável. Quando se permite praticar o olhar de principiante, está se permitindo viver de uma forma mais curiosa, flexível e receptiva, reconhecendo que a vida é feita de momentos e oportunidades únicas, como se fosse a primeira e última vez.

A infância é a menor parcela de tempo no desenvolvimento humano, mas é a mais importante. É na infância que construímos laços de confiança, amor e respeito. Ter um olhar acolhedor, curioso, atento e gentil para seu filho garante a presença, colaboração e conexão nessa relação. Olhe para seu filho como se fosse o primeiro encontro.

O olhar de principiante é um treino que precisa ser feito todos os dias. Experimente sentir o cheiro do seu filho como se fosse o primeiro encontro, ouvir a voz dele como se fosse uma bela canção, sentir seu calor pelo abraço e deguste da experiência de estar presente.

Fabiane Ourives Garcia

CRP 06/46715-0

Graduada em Psicologia pela PUC-SP, especializada em Psicoterapia Jungiana (SEDES-SP), pós-graduada em Psicopedagogia (UNICSUL), pós-graduanda em Suicidologia: Prevenção e Posvenção, Processos Autodestrutivos e Luto (USCS), educadora parental em Disciplina Positiva (PDA-EUA). Atualmente realiza atendimento clínico em consultório com crianças, adolescentes, adultos e orientação a pais. Também atua como psicóloga, atendendo crianças com necessidades especiais na Fundação Municipal Anne Sullivann, de São Caetano do Sul.

Contatos
fabiane.ourives@gmail.com
linkedin.com/in/fabiane-psicologa
Instagram: @fabianeourives.psicologa
11 98484 9877

Tornar-se pai e mãe não é sinônimo de uma parentalidade consciente. Quando nos deparamos com a chegada de nossos filhos, automaticamente e de maneira muitas vezes inconsciente, somos colocados frente a frente com nossas experiências, lembranças boas e ruins sobre como fomos recebidos neste mundo.

Ao alimentar, trocar fraldas, ninar, cuidar e proteger, buscamos em nossas memórias mais distantes referências de como fomos alimentados, cuidados e acarinhados. Se há pendências emocionais relacionadas, aparecerão e atuaremos como pais baseados também nessas experiências.

Podemos nos deparar com marcas importantes ligadas ao autoritarismo, submissão e às expectativas que colocaram em nós.

O afeto, a amorosidade e o respeito a que fomos expostos também entram nessa conta. Além de nossas vivências enquanto filhos, nossa parentalidade vem sendo formada há anos com conhecimento e observação.

Outro ponto de relevância são os desejos e expectativas sobre esse filho que já existe mesmo antes de sua concepção. Será que já imaginávamos nossos filhos correndo e explorando o mundo? Ou já planejávamos uma educação mais regrada protegida? Médico, professor, dentista ou engenheiro, que profissão desejávamos para os nossos filhos?

Todos esses aspectos compõem nossa atuação enquanto pais. Por isso, a parentalidade consciente pressupõe o autoconhecimento e a autopercepção.

Nesta jornada da parentalidade, se estivermos abertos a aprender com nossos filhos exercendo a presença plena e a atenção verdadeira pautada pela qualidade do tempo, teremos experiências únicas de amorosidade e intimidade emocional. O cuidado emocional e físico, o respeito e atenção presentes na parentalidade consciente deixam marcas positivas que serão passadas por meio das gerações.

Cuidar de si também é um ato de amor frente a si mesmo e frente ao outro.

Iara Luisa Mastine

CRP 06/79034

Iara Luisa Mastine é psicóloga, neuropsicóloga, especialista e *trainer* em *mindfulness* infantil. Reside em São Paulo, onde atua como psicoterapeuta infantojuvenil e na orientação de pais. É palestrante e facilitadora de treinamentos referentes à parentalidade e ao desenvolvimento infantil. A literatura infantil está sempre presente em seu dia a dia, assim como o ato de construir e adaptar histórias que proporcionam a reflexão e a construção de novos conceitos e recursos terapêuticos. É a idealizadora do Livroterapia infantil. Trabalhar com crianças e brincar com a imaginação e a criatividade foi a forma que encontrou para colocar em prática seu encanto por esse público tão especial.

Contatos
www.iaramastine.com.br
Instagram: @iaramastine
Youtube: iaramastine
Linkedin: iaramastine
Consultório: 11 98342 8585

O estado vazio da mente quando não pensamos em nada é muito difícil de alcançar, até mesmo para aqueles que meditam. Mas ao pararmos para analisar nossa rotina, é possível encontrar momentos em que conseguimos de forma inconsciente.

— Você olha para uma paisagem e pensa: "ah que vista linda!" e, depois de alguns segundos, pode ter um devaneio e pensar: "o que eu estava pensando mesmo"?

Esse momento deve ser valorizado.

São em momentos assim que surgem as ideias.

Engraçado que muitas vezes focamos tanto em solucionar alguma questão, em resolver problemas ou criar alternativas, que não conseguimos esse momento de pausa para deixar algo vir e contemplar com leveza a lacuna que estava formada.

Deixe uma nova ideia nascer, olhar para algo sem pensar, vivenciar como se fosse a primeira vez, sem expectativas e julgamentos. Simplesmente abrir um espaço para encontrar as ideias perdidas.

Incentive o olhar para as ações como se fosse a primeira vez, e deixe-se surpreender.

Isa Minatel

Palestrante no TEDx com mais de 1.2 milhão de views. Mais de meio milhão de seguidores nas redes sociais. Autora dos livros *Crianças sem limites* e *Temperamentos sem limites*. Psicopedagoga especialista em Montessori, Programação Neurolinguística PNL e *coach* de família.

Contatos
www.isaminatel.com.br
Instagram: @isaminatel
Youtube: Isaminatel

Em nossa cultura acreditamos que precisamos estudar para exercer a nossa profissão, temos certeza absoluta que é necessário tirar uma habilitação para guiar veículos... Mas quando o assunto é conduzir vidas e programar cérebros – que é o que fazem pais e mães com seus filhos – aí não temos muito o costume de estudar.

Por não alimentarmos a mente de principiante ao exercer a função de PAI e MÃE, acreditamos que já deveríamos saber tudo sobre esses papéis e, quando as coisas não saem como esperávamos, nos sentimos culpados, fracassados, incompetentes ou... Acreditamos que a nossa criança tem algum problema. Muitos acabam até encontrando um diagnóstico e podem medicar a criança que não tinha doença ou transtorno efetivamente mas estava fora do seu equilíbrio natural por falta de conhecimento e habilidade dos adultos em lidar com seu temperamento mais forte. Isso só para citar um exemplo. São muitos os desacertos decorrentes da nossa ignorância sobre a mente infantil.

Quando conseguimos entender a necessidade de estudar sobre o cérebro da criança, seu desenvolvimento, seus temperamentos, sobre o processo de concentração da criança, sobre a formação da autoestima dela, sobre como se desenvolvem as relações humanas e sobre como podemos nos comunicar melhor com o ser imaturo, aí então podemos dizer que estamos aprendendo a amar! E precisamos aprender a forma de amar a cada uma na sua inteireza e na sua individualidade. Cada uma nos faz um desafio diferente nessa aprendizagem de amor.

Tuany Alves Mateus

CRP 12/06337

Contatos
tuanymateus@hotmail.com
Instagram: @tuanyalvesmateus
48 99996 1181

Mãe dos gêmeos Ygor (16 anos) e Natan (16 anos). Psicóloga e pedagoga graduada em Psicologia pela UNISUL e em Pedagogia pela UNIASSELVI. Pós-graduada em Neurospicopedagogia e Educação Especial Inclusiva pela CENSUPEG e em Neuropsicologia pela UNIARA. Pós-graduação em Psicologia do Trânsito pela UNYLEYA. Mentoria de Parentalidade Consciente com Iara Mastine.

Valesca Silva de S. Rios

CRP 05/36716

Contatos
valescariospsi@gmail.com
Instagram: @psicologavalescarios
Facebook: @psivalescarios
21 98833 9464

Graduada em Psicologia pela UNESA. Especialização em Terapia de Família pela AVM. Pós-graduanda em Terapia Cognitivo-comportamental na Infância e Adolescência pela Celso Lisboa. Educadora Parental em Disciplina Positiva pela Positive Discipline Association/USA. Facilitadora do Programa de Educação Emocional Positiva e Programa Ciranda. Mentoria de Parentalidade Consciente com Iara Mastine. Casada há 19 anos com Henry Rios e mãe da Eduarda (11 anos) e da Marcella (5 anos).

Cada filho tem sua singularidade, seu próprio cheiro, seu único olhar, seu próprio gesto, seus próprios sentimentos, suas próprias experiências e emoções.

É preciso vivenciar com nossos filhos as sensações e percepções de cada momento como se fosse a primeira e única vez.

Vivenciar inteiramente o presente, porque amanhã o seu presente será passado, e esse passado poderá ficar na lembrança ou não, tudo dependerá de como você vivenciou esse momento. Assim, o recomendável é vivenciar o momento presente de forma plena e consciente.

Precisamos vivenciar, experimentar cada momento como se fosse único, tirar um tempo para se conectar consigo mesmo e com os filhos de forma plena.

Essa forma plena pode ser pelas ações que realizamos com os filhos, como também pelos momentos únicos com nós mesmos. É permitir experimentar as sensações, os sentimentos e as experiências sem julgamento, aproveitando cada momento dessa relação de ser e estar. É preciso não esquecer que uma mesma situação pode acontecer duas vezes em momentos diferentes. Em tempo algum, duas pessoas vivenciam uma situação exatamente do mesmo jeito.

Você deve estar disponível para você, deve estar disponível para nós mesmos. Não é estar o tempo todo inteiramente disponível, mas o momento em que estiver disponível, enquanto pais, focar no todo, prestar atenção na criança naquele momento, vivenciar juntos. Sendo assim, é preciso focar na intencionalidade das ações e permitir vivenciar cada momento, de forma responsiva, com a intenção. É escolher conscientemente o seu comportamento levando em conta o bem-estar emocional do seu filho e o seu. São nas conexões emocionais entre pais e filhos que se desenvolve o senso mais profundo de si mesmo e a capacidade de se relacionar respeitosamente.

Vanessa de Paula Mondin Martins

Educadora parental, emocional e Educacional e escritora. Graduanda em Psicologia pela UMESP; educadora parental pela PDA (Positive Discipline Association); *kids coach* pela Rio Coaching; Mentoria de Parentalidade Consciente com Iara Mastine. Casada há 14 anos com o Leandro e mãe do Lucas, de 10 anos.

Contatos
vanessamondinmartins@gmail.com
Instagram: @vanessamondinmartins
11 98184 0497

Olhar algo ou alguma situação como se fosse a primeira vez, observar o que acontece dentro de cada um de nós (pensamentos, sentimentos, emoções) e ir ao encontro é desafiador e surpreendente. Toda primeira vez importa, mas importa ainda mais o que você faz com o que essa primeira vez fez com você.

Muitas vezes buscamos o momento ideal para fazer o que tem que ser feito, porém deixamos passar oportunidades importantes na busca desse melhor momento quando, na verdade, o momento ideal acontece o tempo todo. Quer ver só?

Ao levar o seu filho à escola, faça um convite a ele para olharem juntos ao céu e perceberem as formas que as nuvens se apresentam, o que cada um identifica nelas, é um desenho, uma forma, uma mensagem por meio do que estão vendo. Também é possível observar o que tem nesse percurso (novas construções, muros grafitados, casas coloridas, dentre muitas outras coisas) ou podem escolher um novo caminho, observando o que há de diferente do caminho que fazem nos outros dias. Sabe aquele momento que a temperatura muda, o céu está escurecendo, as nuvens ficam carregadas e dizemos que está com cheiro de chuva? Observem nesse percurso qual o cheiro que ele tem.

Quando trazemos para o momento presente a nossa mente de principiante, criamos infinitas possibilidades, deixando assim florescer a nossa criatividade, o poder da nossa imaginação, temos a oportunidade de contemplarmos o que está acontecendo naquele exato momento, não damos espaços aos julgamentos e conseguimos observar mais claramente muitos aspectos da nossa vida.

Seja sempre um principiante e faça tudo como se fosse a primeira vez, afinal todos os momentos são ÚNICOS, assim como nós.

Confiança

Amanda Trivellato Ferreira

CRP 06/130497

Atuação clínica na infância, adolescência e orientação de pais. Graduada em Psicologia pelo Centro Universitário Barão de Mauá, especialista em Análise do Comportamento, mestranda em Burnout Parental pela FFCLRP-USP, Mentoria em Parentalidade Consciente com Iara Mastine.

Contatos

amanda_trivellato@outlook.com

16 99795 4499

A autoconfiança reduz a necessidade de ser aprovado pelo outro e de querer controlar as situações cotidianas. Isso acontece, pois, ao confiar mais nos próprios recursos, se estabelece melhor a relação com o momento presente.

No entanto, já sentiu que seus recursos se esgotaram? Nesse momento faça o que estiver em seu alcance e lembre-se de tantas outras vezes que a situação pareceu não ter saída e você conseguiu. Os recursos estão aí. Escolha alguns momentos do dia para fazer uma respiração profunda e voltar-se para o presente.

Para esses momentos de estar consigo mesmo, é importante cuidar das autocobranças e culpas. Observe os pensamentos com gentileza. Lembre-se: você não precisa assumir tudo para ser uma boa mãe ou bom pai.

Ser cuidador requer uma grande capacidade de adaptação. Mudar, acrescentar e/ou flexibilizar algumas regras para facilitar a vida em família é importante e não significa que não você não é bom.

Quanto mais conectado a si mesmo você estiver, maior será sua autoconfiança e somente assim conseguirá levá-la aos seus relacionamentos.

Anne Karoline Santos Pereira

CRP 17/ 2130

Psicóloga, psicopedagoga, terapeuta cognitivo-comportamental, educadora parental.

Contatos
psiannekaroline@gmail.com
Instagram: @psiannekaroline
84 98817 3652

Segundo Bhattacharya, Devinney e Pillutla (1998), a confiança como sentimento de domínio na relação entre duas partes trata da expectativa com determinados níveis de incertezas que uma das partes tem na obtenção de resultados positivos gerados pela relação com a outra parte. Envolve a predisposição para a vulnerabilidade e dependência de uma parte relativamente à outra (Whitener, Brodt, Korsgaard, & Werner, 1998).

A vida nos apresenta muitos dilemas. Primeiramente, nas relações familiares (primeira instituição a qual somos inseridos); posteriormente no contexto escolar; futuramente, no ambiente de trabalho. Ainda, em situações comuns do nosso dia a dia, somos chamados a decidir por A ou B, fazer escolhas e definir posições. E é nessa hora que nossa identificação e percepção aparecem. O fato de concordarmos ou não e depositarmos confiança em determinadas pessoas e situações nos levam a implicações diferentes, às vezes prosaicas e, por outras, desastrosas, gerando arrependimentos e danos que nem sempre podemos reverter, mas podemos ressignificar.

Então, podemos considerar que a confiabilidade depende das circunstâncias? Ou ainda, a confiança não está relacionada a condições sociais, culturais ou econômicas. Renato Russo tinha uma solução. De acordo com a letra de uma de suas músicas: "Se você quiser alguém em quem confiar, confie em si mesmo. Quem acredita sempre alcança. Mas é claro que o sol vai voltar amanhã!". É necessário o fortalecimento da nossa autoestima e confiar em nós mesmos antes de confiarmos nos outros e nas situações.

Daniele Coelho

Arteterapeuta e Educadora Parental, graduada em Artes pela FAAM-SP, especialização em Arteterapia pelo Instituto Freedom, *coach* infantil pelo ICJI, certificação internacional em *coach* para Pais pela PCA, Mentoria de Parentalidade Consciente com Iara Mastine. Pós-graduação em Inteligência Emocional e Educação Parental pela Parent Coaching Brasil/Unifesp.

Contatos
danicdemoraes@hotmail.com
11 98643 8122

Ao exercer o papel da parentalidade de acordo com as nossas intenções e necessidades, um lar saudável e respeitoso é construído.

Ter um relacionamento próximo com nossos filhos proporciona uma melhora significativa na autoestima, bem como maiores índices de felicidade e satisfação com a vida. Ter conflitos é normal, faz parte do dia a dia e do desenvolvimento de cada indivíduo, mas poder contar com os pais para fornecer apoio emocional e ajudá-los na compreensão de limites, gerando maior confiança.

Durante a adolescência, é normal que seu filho dê muito valor à opinião dos amigos e prefira passar uma boa parte do tempo na companhia deles. Assim, incentivá-lo a trazer os amigos em casa é importante e pode deixá-lo mais confortável, além de tranquilizar você sobre as pessoas com quem ele se relaciona. Isso também faz parte da construção do relacionamento de confiança. Estimular no seu filho o hábito de dizer onde está, com quem está e a que horas volta para casa também é importante, e cultivar essa atitude de forma natural pode manter uma relação com menos preocupação durante os anos seguintes.

Alguns passos que podemos seguir para melhorar essa relação de confiança são:

- ouvir atentamente as crianças como iguais. Ao ouvi-las, você pode encontrá-las, e, portanto, entendê-las;

- não trair a confiança do seu filho. Confissões são sagradas e devem ser mantidas em segredo, se uma das partes assim desejar;
- demonstrar que o considera digno de sua confiança, tanto fazendo com que ele compartilhe preocupações, ideias e alegrias;
- respeitar os filhos e nossas necessidades. Tanto pais quanto filhos precisam de um espaço de privacidade e respeito;
- aceitar críticas e correções. Os pais devem aprender a discutir com os filhos em clima de diálogo aberto. Acima de tudo, aprender a ouvir críticas e ter humildade suficiente para reconhecer quando estão certas.

Graziella Zacharias Baiocchi

CRP 05/44560

Pós-graduação em Psicodrama pela Sociedade Goiana de Psicodrama (SOGEP). Graduada em Psicologia do Puerpério - Instituto Aripe; pós-graduanda em Desenvolvimento Infantil pelo CBI of Miami. Curso de Orientação Parental pelo método OPP; psicoeducadora parental com abordagem em parentalidade consciente; capacitada em ciência e prática da meditação; pós-graduanda em Educação Parental e Inteligência Emocional.

Contatos
graziella@psigzb.com.br
Instagram: @psicologagraziellazbaiocchi

A confiança é uma construção diária que acontece nos vínculos que formamos. Desde bebê, recebemos, por meio de afetos, estímulos, palavras e atitudes, munição para nos sentirmos confiantes de quem somos e de como nos relacionamos.

Confie na construção que você faz diariamente com seu filho. Confie nos valores que transmite, na sua intuição materna, no aqui e agora. Quando confiamos em nossas emoções, temos condições de aquietar a mente e deixar nossas crianças navegarem além do mar, certos do que fizemos, certos de quem eles são e confiantes de um vínculo forte e saudável ao qual poderão recorrer caso seja necessário.

Iara Luisa Mastine

CRP 06/79034

Iara Luisa Mastine é psicóloga, neuropsicóloga, especialista e *trainer* em *mindfulness* infantil. Reside em São Paulo, onde atua como psicoterapeuta infantojuvenil e na orientação de pais. É palestrante e facilitadora de treinamentos referentes à parentalidade e ao desenvolvimento infantil. A literatura infantil está sempre presente em seu dia a dia, assim como o ato de construir e adaptar histórias que proporcionam a reflexão e a construção de novos conceitos e recursos terapêuticos. É a idealizadora do Livroterapia infantil. Trabalhar com crianças e brincar com a imaginação e a criatividade foi a forma que encontrou para colocar em prática seu encanto por esse público tão especial.

Contatos
www.iaramastine.com.br
Instagram: @iaramastine
Youtube: iaramastine
Linkedin: iaramastine
Consultório: 11 98342 8585

Qual é a responsabilidade no maternar?

Pode ser que não encontremos uma resposta, ou até mesmo apontamos mais de mil soluções. Cada um é cada um. Acolher as necessidades individuais faz com que nos fortalecemos diante das dificuldades e dos desafios.

Se encher de responsabilidade pode ser desafiador quando não damos espaço para a confiança. Confiar no outro favorece a autonomia. Confiar em você acolhe a insegurança e minimiza o medo.

Confiança pode ser compreendida como "um estado psicológico que se caracteriza pela intenção de aceitar a vulnerabilidade, com base em crenças otimistas a respeito das intenções do outro e de si".

Na maternidade, aceitar as vulnerabilidades é o que te fará ser a mãe que deseja ser.

Confie em si mesma e, em seus sentimentos, em sua sabedoria, recursos e bondade natural. Procure ouvir seu próprio ser.

É preferível confiar em si mesma, mesmo que você cometa alguns equívocos. O imperfeito também ensina e o desenvolvimento das potencialidades só é possível com ensinamento e acolhimento da imperfeição.

Rejane Villas Boas Correa

CRP 06/61931-4

Desde o início da faculdade de Psicologia, me encantei pelos estudos de Inteligência Emocional e a forma sistêmica de olhar o ser humano. Especializei-me em Terapia Sistêmica de Casais e Famílias e conduzi um trabalho focado em Psicologia Intercultural preparando intercambistas e familiares durante a permanência no exterior. Percebendo que alguns pacientes adoeciam nesse processo, realizei uma especialização em Psicologia da Saúde e Psicossomática. O interesse pelo assunto cresceu e acabei realizando muitos cursos de aprofundamento em Inteligência Emocional. Tornei-me *practitioner* em Programação Neurolinguística, ministrei cursos e treinamentos em Desenvolvimento Humano. Hoje, além de psicóloga, sou educadora parental com certificação em Atuação Consciente, Comunicação Não Violenta e Disciplina Positiva pela PDA. Sou membro e pesquisadora do grupo PAS (Prevenção ao Abuso Sexual), colaboradora na revista *Mulher Brazil*, coautora do livro *Habilidades socioemocionais: por que essas competências precisam ser desenvolvidas na infância*. Coordeno grupo de pais para o desenvolvimento de habilidades socioemocionais.

Contatos
rejanevbtc@gmail.com
Instagram: @rejanevb_psico
LinkedIn: Rejane Villas Boas
14 98170 9129

Quantos de nós nos cobramos e somos cobrados quando deixamos passar algo na educação dos nossos filhos?

Quantas vezes nos deparamos com medos e dúvidas sobre o que estamos fazendo e se vai dar certo ou não?

Quando sentimos que dentro de nós tem algo inquieto sobre a forma que estamos fazendo, essa movimentação é o começo da conscientização.

Em nenhum momento, a ideia de uma mãe consciente é provocar dor no filho. Mesmo quando agimos no piloto automático. Que nada mais é que a busca do prazer e evitação da dor. A parentalidade consciente é o contrário do piloto automático. É o pensar antes de agir, entendendo os porquês da vida e as necessidades, respeitando o ser humano que o filho veio para ser. É praticar a aceitação.

Não precisa ser perfeito: é importante ser congruente com o que sentimos, com o que pensamos, com nossas descobertas, crenças e valores.

Ao agir conscientemente, respeitando os limites com amor, o equilíbrio do sistema, a individualidade de todos, aumentam as chances de obter resultados saudáveis. Ao abandonar o lugar de julgamento, entendemos que não há certo ou errado, bom ou mau, verdade ou mentira. Confiamos no processo. Conseguimos compreender que atitudes e comportamentos podem ser saudáveis ou não saudáveis.

Agir sempre do mesmo jeito também não proporciona o desenvolver da inteligência emocional. A previsibilidade é piloto automático e não provoca a evolução. Se cada vez que passarmos por um desafio, exercitarmos buscar novas possibilidades, traremos cada vez mais nossos recursos e habilidades à flor da pele, podendo ser acessados cada vez mais facilmente. Só então trazemos para nossas mãos a responsabilidade da ação com amor e confiança, assim a transformação acontece.

Suélen Reckziegel Noe

CRP 07/17073

Graduada em Psicologia pela Universidade de Caxias do Sul (UCS); especialista em Terapia Cognitivo-comportamental pela WP; especialista em Psicologia e Maternidade pela Uniara; *Kids coach*. Coautora do livro *Tornando-se pai e mãe.* Atua em consultório na cidade de Caxias do Sul/RS e on-line, atendendo indivíduos e famílias, especialmente com foco na gestação, puerpério e maternidade. Idealizadora do projeto Continente Materno, que tem por missão facilitar o vínculo mãe-bebê e relações mais saudáveis entre o bebê e seu entorno familiar e social, permitindo que ele tenha um desenvolvimento integral por meio de atendimentos individuais ou em grupo, cursos e oficinas na área maternoinfantil. Casada há 17 anos com o Odair, mãe do João (7 anos) e da Laís (3 anos).

Contatos
www.continentematerno.com.br
continentematerno@gmail.com
Instagram: @continentematerno
Facebook: Continente Materno
54 98111 1345

Acolha qualquer tipo de sentimento que você tem. Esse exercício ajudará você e sua família a acolher, aceitar e confiar melhor em si e no outro. Reconhecer que as coisas são diferentes do que desejamos que elas sejam é um processo de aceitação, confiança e superação. Isso não significa que você deva aceitar e não fazer nada, mas sim acolher e mudar.

Você é capaz de superar e se transformar após cada momento difícil que vive.

Aceitação não é ser passivo, não é abandonar seus princípios e valores, é superar-se, é ver as coisas como elas são. Observe as coisas como elas são, não tente impor sua visão ou seu jeito sobre as coisas. Confie no que você observa e sente nesta relação de amor.

Superação é acolhimento, é confiança e aceitação de si mesma. Confie em você, no seu corpo, nas suas emoções, na sua intuição, isso fará você ultrapassar qualquer contratempo.

Não esforço

Z

Andréa

Contato
andreafferrara@hotmail.com

Mãe da Gi; advogada e pedagoga especialista em neurociências; certificada: Disciplina Positiva e Encorajamento; coautora: *Relatos maternos*, *Conectando pais e filhos*, e *Vamos investigar as emoções*?

Kika

Contato
kikalenci@gmail.com

Mãe da Angelina e do Bento; comunicóloga e psicóloga; certificada: Disciplina Positiva e Encorajamento; coautora: *Relatos maternos*, *Conectando pais e filhos*, e *Vamos investigar as emoções*?

As emoções acontecem na área subcortical do cérebro, são reações provocadas por pensamentos, por percepções e por acontecimentos do ambiente.

As emoções causam manifestações automáticas no corpo. Algumas menos perceptíveis e outras mais explícitas, como: batimento cardíaco acelerado, pupilas dilatadas, rosto quente, mãos frias, vontade de chorar, de correr, de fugir, de lutar etc. Somente após, a área frontal do cérebro começa a processar as emoções e a lidar com elas de forma mais racional.

As emoções trazem informações a respeito daquilo que pensamos e vivemos. Funcionam como motor e combustível das nossas ações.

Contudo, nem sempre as emoções trazem dados verdadeiros e úteis. Por isso, é importante aprender a analisar os sentimentos, reconhecer e acolher.

Não existem emoções certas ou erradas. Não somos covardes por sentirmos medo, não somos fracos por sentirmos tristeza e, nem bobos por sentirmos amor; apenas existem emoções que gostamos de sentir e outras que podem nos atrapalhar.

A intenção é enxergar as emoções como elas são para estarmos à vontade com elas e, assim, podermos ajustar e transformar aquilo que for possível e necessário. Sem esforço, e com muita amorosidade. Conhecer os pensamentos e sentimentos permite melhores decisões, comunicação e construção de relações com vínculos.

Andréa Cristhina Brandão Teixeira

Filha de Mário Feitosa dos Santos e Maria da Pureza Feitosa Brandão. Casada com Marco Antonio Teixeira. Mãe de Andreza, Matheus e Maria Izabel, avó de Miguel. Mestre em Educação - Formação de Professores (UFS), Psicopedagoga, Pedagoga, Educadora Parental, Graduanda em Práticas Integrativas e Complementares em Saúde.

Contatos
Facebook: andrea.brandao.31
Instagram: @andrea_c_brandao
82 99651 6226

Ainda que a maternidade traga múltiplas emoções e sentimentos bastante complexos que se alternam entre felicidade, preocupação, angústia, medo e tantas outras combinações, precisamos estar atentas às necessidades das crianças tanto quanto às nossas próprias.

Alternar momentos mais íntimos para cuidar de nós mesmas e outros para estarmos realmente disponíveis para elas pode gerar sentimentos de confiança e segurança, tão importantes para o desenvolvimento emocional dos pequenos.

Dentre outros benefícios, conhecer e acompanhar todas as fases de perto, será muito importante para compreender melhor suas maiores qualidades e onde as crianças são mais frágeis e, com isso, poderemos ajudá-las a direcionar suas forças no enfrentamento dos desafios que surgirem, seja nos estudos, nos relacionamentos ou em qualquer outra área de suas vidas.

Escolha algo que sinta prazer em fazer e convide as crianças para fazerem juntos, como cozinhar, correr, pedalar... Peça para participar das atividades que gostam de fazer também. Esses momentos de presença de qualidade, quando toda nossa atenção está voltada para vivenciar as experiências do momento, trará uma conexão que perdurará por toda a vida, o que contribuirá para dissipar os momentos desarmônicos que venham a ocorrer, além de ficarem marcados para sempre.

Helena Gonçalves Bourroul

CRP 06/69651

Pós-graduada em Clínica Interdisciplinar com o Bebê pela PUC-SP e especialista em Terapia Cognitivo-comportamental; *Expert Parent Coach* pela Parent Coaching Brasil; educadora parental certificada pela PDA-USA. Facilitadora do Programa Encorajando Pais; mentoria em Parentalidade Consciente com Iara Mastine; coautora do livro *Conectando Pais e Filhos* volume 2 e dos baralhos *Resgatando o Amor Próprio* e *S.O.S. Amor Próprio*. Atua como psicóloga clínica e educadora parental.

Contatos
www.helenabourroul.com
Instagram: @helenabourroul
11 99530 2540

Na parentalidade consciente existe o olhar para a criança, o olhar para os pais e o olhar para a relação.

Esses olhares englobam muitas questões: para as necessidades, olhar para os limites, para os desejos, para os desafios e para o papel de pai e mãe.

Esse olhar para o papel de pais tem como base uma pergunta fundamental: qual é a sua intenção como pai/mãe?

E por que pensar nessa intenção é o início dessa relação? Porque é a partir dela que a relação deve ser pautada no dia a dia.

Saber o que você espera para esta relação, quais são os valores envolvidos, quem você quer ser, de que maneira quer estar nessa relação e como quer que o seu filho esteja e sinta essa relação o ajudará a ser mais assertiva e coerente com as suas ações e, sempre que for preciso, ajustar a rota da relação.

A intenção auxilia a repensar o que é de fato importante em cada momento e qual é a atitude mais coerente a tomar. É como um guia que nos conforta e nos tranquiliza nos momentos de insegurança e desafios.

Para criar a sua intenção, você pode pensar nas seguintes questões:

— Quem eu quero ser para o meu filho?

— Quais valores são a base da minha relação com ele?

— Como eu quero que o meu filho enxergue e sinta a nossa relação?

Agora, é com você. Qual é a sua intenção?

Iara Luisa Mastine

CRP 06/79034

Iara Luisa Mastine é psicóloga, neuropsicóloga, especialista e *trainer* em *mindfulness* infantil. Reside em São Paulo, onde atua como psicoterapeuta infantojuvenil e na orientação de pais. É palestrante e facilitadora de treinamentos referentes à parentalidade e ao desenvolvimento infantil. A literatura infantil está sempre presente em seu dia a dia, assim como o ato de construir e adaptar histórias que proporcionam a reflexão e a construção de novos conceitos e recursos terapêuticos. É a idealizadora do Livroterapia infantil. Trabalhar com crianças e brincar com a imaginação e a criatividade foi a forma que encontrou para colocar em prática seu encanto por esse público tão especial.

Contatos
www.iaramastine.com.br
Instagram: @iaramastine
Youtube: iaramastine
Linkedin: iaramastine
Consultório: 11 98342 8585

Os filhos costumam ter seus pais como referência, seja para fazerem igual ou o oposto. Quando se opõem, talvez estejam demonstrando que não aprovam algo nesta mãe. Podem estar desaprovando algo diretamente relacionado ao comportamento ao qual se opõem ou podem estar reprovando outra atitude, aparentemente sem relação, mas encontraram esta forma de se expressar. Pode ser um jeito de dizer que precisam de mais atenção, ou simplesmente desejam compreender algum sentimento que ainda não são capaz de decodificar, nem mesmo de sentir.

As relações são construídas, e ambos participam dessa construção.

Uma construção saudável é se perceber como exemplo e ao mesmo tempo o apoio quando as "paredes" dessa construção não estão prontas, ainda, para segurar os próximos andares.

O acolhimento deve ser natural, uma escuta ativa potencializa a construção dos alicerces.

Na parentalidade consciente, a atitude não esforço pode relacionar com esse construir. Um construir que trabalha a compreensão que o filho não é o seu "mini-eu". Ou seja, não é alguém que veio ao mundo para realizar os seus sonhos. Parafraseando Shefali Tsabary, filhos são espíritos que palpitam com sua própria marca registrada. Por isso, é importante separar quem você é de quem o seu filho é.

A parentalidade consciente é primeiro perceber e aceitar a si própria, para depois olhar o outro. Por isso, consciência tem a ver com conexão. Conexão consigo mesma e conexão com o outro.

Isabela Melo

Consultora de marketing e idealizadora da Hands On, uma empresa de consultoria que caminha com empreendedores que anseiam deixar uma marca positiva no mundo.

Contatos
www.handson.marketing
Instagram: handson.marketing
11 989198788

Existe um conceito na produção de vinhos denominado "terroir" que é o que diferencia a qualidade de um vinho para outro. Ele diz respeito a uma série de fatores, desde as condições climáticas e o tipo de solo onde as vinhas foram plantadas até a forma em que a uva foi colhida. Um mesmo rótulo de vinho pode sofrer variação de sabor de uma safra para a outra. O processo pode ser exatamente o mesmo, mas existem condições climáticas que não podem ser controladas pelo produtor e que interferem diretamente na qualidade do produto.

Da mesma forma acontece em nossas vidas. Podemos produzir safras com sabores diferentes de acordo com a estação de vida que estamos atravessando. O fundamental é nunca parar de plantar e continuar firme em nossos valores, ainda que o "terroir" não seja o mais favorável.

Outro conceito interessante na viticultura é que há um estudo muito minucioso sobre todas essas condições na busca do "terroir" perfeito. Quando não conseguem ter controle sobre algum aspecto, procuram desenvolver processos para elevar a qualidade do vinho. Inclusive, algumas colheitas precisam passar por processos mais longos até alcançar uma qualidade satisfatória.

Isso é o que chamo de "fé em ação": aceitar as coisas que não podemos mudar e buscar incessantemente conhecimento, autoconhecimento e ferramentas para transformar o que está sob nosso controle, com o objetivo de desenvolver um ser humano da mais alta qualidade.

Larissa Santos Amaral Rodrigues

CRP 04/38211

Psicóloga, casada, mamãe da princesa Lívia de 6 anos. Especialista em TCC (Terapia Cognitivo-comportamental), formação em TCC na Infância e Adolescência, educadora parental em Disciplina Positiva pela PDA (EUA). Atuação em Parentalidade Consciente, pós-graduanda em Orientação Familiar e Educação Parental. Atuação com crianças, adolescentes, adultos e orientação de pais.

Contatos
larissa.amaral@hotmail.com
Insta: @psicologalarissaamaral / @lacoscomafetos
37 98828 5420

Para a construção de uma maternidade/paternidade mais suave e leve, é necessário construir um caminho pautado no equilíbrio, com empatia e autocontrole dos pais.

E isso será construído olhando para nós em primeiro lugar, conhecendo nossas dores, dificuldades e limitações.

Nos acolher primeiro para que nossos filhos sejam acolhidos com afeto e conexão. SER primeiramente para nós, para então SER para o outro: ser colo, abrigo, proteção, afeto e a nossa melhor versão.

A maternidade é assim, uma eterna construção, um eterno vir a SER. E como toda construção tem uma base, a de maternar/paternar é o AFETO.

Afeto, de acordo com o dicionário, *é relação de reconhecimento, de apreço, valor, importância, significação, significância.*

Com certeza, sentimos tudo isso e muito mais pelos filhos, não é mesmo? E precisamos praticar, transformar em ação tudo isso que está dentro de nós, em cada etapa, e em cada fase.

Nasce uma criança e não é instantaneamente que a mãe nasce. Ao retirar a criança de dentro da mãe, a mãe precisa voltar-se para dentro dela. É aí que a maternidade começa, no desejo de querer ser o que desejamos para os filhos.

E todo esse processo não estabelece a perfeição, mas sim que sejamos perfeitamente reais no nosso dia a dia. Perfeição não é darmos conta de tudo, mas sim sermos excelentes e aperfeiçoarmos dentro da nossa realidade. Nossos filhos merecem nossa verdade e presença.

"Aquele que ousa ensinar não deve jamais cessar de aprender" (DANA, 1856).

Educar não diz perfeição. Se somos perfeitos, entendemos que não precisamos buscar melhorias. Diz mais de imperfeições de aprendizado, de construir, "colocar" cada "tijolo" e moldar, ensinar e aprender.

Não é a linha de chegada, mas o início de um caminho repleto de possibilidades.

E a intenção é que sejam recheados de olhar para si, conexão consigo e com o outro e muito AFETO.

Sendo assim, no final da jornada, será leve, será possível (dentro do seu possível) e de muita gratidão por ter valido a pena.

Viviane Iziquiel

CRP 06/80248

Psicóloga do Ambulatório de Especialidades - AME - Psiquiatria Drª Jandira Mansur. Psicóloga infantil/Psicoeducação para Pais na Clínica Iara Mastine. Especialista na abordagem Terapia Cognitivo-comportamental. Pós-graduada em Psicologia Hospitalar, especialista em Saúde Mental (Santa Casa de São Paulo). Graduada em Psicologia (Mackenzie). *Expert* em *Coaching* Parental (Parent Coaching Brasil). Certificação em Inteligência Emocional e Gestão das Emoções (IBC- Coaching). Facilitadora e certificada em Meditação para crianças e famílias (Mágica da Meditação). Mentoria em Parentalidade Consciente com Iara Mastine. Atua desde 2005 com atendimento focado em saúde mental para crianças, mulheres e famílias. Coautora do livro *Primeira infância* vol: 1 (Literare Books, 2020). Coautora do livro *A psicologia na saúde: da atenção primária à alta complexidade*.

Contatos

vivianeiziquiel@gmail.com

Instagram: @semeandovinculospsicologia

11 98496 4530

Enxergar na autocompaixão uma habilidade singular para ser pais conscientes, com menos autojulgamentos por meio de uma abordagem mais motivadora e encorajadora.

A prática da autocompaixão é uma maneira de nos relacionarmos com gentileza conosco, aceitar nossas conquistas e falhas, em vez de gerar sofrimento por culpas e crenças que nos impedem de evoluir. A ideia não é negar o erro, o sofrimento, mas reconhecer, acolher e integrar, pelos três pilares da autocompaixão: atenção plena, humanidade compartilhada e a autobondade, diminuindo a autocrítica.

A atenção plena nos convida para sermos conscientes com nossos sentimentos, pensamentos e com o que observamos. Possibilita cultivar com equilíbrio as sementes que há dentro de nós.

Humanidade compartilhada permite lembrar que a dor e o erro fazem parte da nossa experiência, é um pilar que precisa ser nutrido para uma parentalidade com menos cobranças.

A autobondade é o carinho que você permite a si mesmo. Acolher-se, tratar-se bem, cuidar das suas necessidades para, assim, conseguir apoiar e encorajar o próximo.

A autocompaixão nos traz mais consciência, sabedoria e confiança para nos conectar com a nossa força interior, sem a necessidade de buscar a perfeição.

Exercitar a autocompaixão na parentalidade permite compreender melhor as nossas necessidades e a dos filhos, aceitando as frustrações da relação entre pais e filhos, com sabedoria e segurança para encorajá-los em seus desafios na vida, respeitando as escolhas e aceitando-os como são para, assim, apoiá-los com conexão.

Enfim, autocompaixão é uma tarefa que exige coragem, aceitação e paciência.

Nutra-se com os pilares da autocompaixão e seja gentil com você, não tenha medo de falhar.

Não julgar

Cristiane Rayes

CRP 06/40025

Psicóloga clínica e educacional, atuando no atendimento de crianças, adolescentes, adultos e orientação familiar. Especialista em orientação familiar e processos psicoterapêuticos; terapia cognitivo-comportamental; distúrbios de aprendizagem, mediação de conflitos e com formação em Terapia EMDR. Desenvolvimento de projetos de habilidades socioemocionais; treinamento de professores. Responsável pelo Curso de Orientação Familiar. Coordenadora do curso de Especialização em Orientação familiar e Educação parental no Intcc Rio. Idealizadora de jogos e materiais terapêuticos: *Prumo das emoções*, *Jogo da coragem e confiança*, *Coleção feelings*, *Dinâmica e comunicação familiar*, *Luva 5 AS*, *Eu sou, eu posso ser...* Autora do *Baralho animação*, *Corujas em ação* e dos livros *Autoestima de A a Z* e *Superando os medos de A a Z*. Coordenadora do livro *Orientação familiar: teoria e prática*.

Contatos

cristianerayes@gmail.com
Instagram: @crisrayes
11 98573 0444
Clínica: 11 5071 1331 / 11 96346 6078

Todos nós julgamos e isso é normal. Então, como praticar não julgamento?

Quanto temos uma experiência, na maioria das vezes, fazemos avaliações rápidas e precipitadas e até mesmo automáticas, segundo padrões que temos internalizados

O não julgamento nos possibilita observar, reconhecer e compreender a experiência vivida. Não julgar não significa não ter discernimento, mas a capacidade de nos conectarmos com as experiências com clareza, sem avaliações precipitadas.

Comece a perceber como estão seus julgamentos, se você tem a tendência de julgar de forma rápida e precipitada, como: feio / bonito; bom/mau; gosto / não gosto. Dê oportunidade para viver com atenção plena, estando ciente de sua percepção.

A consciência do seu processo mental e a abertura para o não julgamento trazem a possibilidade de você ser mais gentil consigo mesmo, desenvolver a autocompaixão, viver a experiência em si com mais tranquilidade e até mesmo se livrar de conceitos e preconceitos.

Uma dica para os papais e cuidadores

Os significados que damos às coisas e aos fatos são frutos das experiências que vivemos, dos nossos traços de personalidade e da influência de pessoas significativas por suas atitudes e forma de comunicação.

Transmitimos aos nossos filhos muitos conceitos e até nossos preconceitos. Precisamos praticar o não julgamento até mesmo para não ter uma comunicação baseada em muitas avaliações do feio/bonito; bom/mau... Não estou dizendo aqui que não devemos transmitir noções e conceitos às crianças, mas que devemos tomar cuidado para não avaliarmos e rotularmos as experiências com julgamentos e avaliações precipitadas tornando um padrão de pensamento e comunicação.

Sugiro que, além da prática de não julgamento, possa revisitar seus padrões de pensamentos e de comunicação revendo conceitos e preconceitos que não lhe sirvam mais; esse é um grande processo de autoconhecimento e evolução.

Que possamos estar sempre em evolução e ajudar aqueles que amamos.

Iara Luisa Mastine

CRP 06/79034

Iara Luisa Mastine é psicóloga, neuropsicóloga, especialista e *trainer* em *mindfulness* infantil. Reside em São Paulo, onde atua como psicoterapeuta infantojuvenil e na orientação de pais. É palestrante e facilitadora de treinamentos referentes à parentalidade e ao desenvolvimento infantil. A literatura infantil está sempre presente em seu dia a dia, assim como o ato de construir e adaptar histórias que proporcionam a reflexão e a construção de novos conceitos e recursos terapêuticos. É a idealizadora do Livroterapia infantil. Trabalhar com crianças e brincar com a imaginação e a criatividade foi a forma que encontrou para colocar em prática seu encanto por esse público tão especial.

Contatos

www.iaramastine.com.br
Instagram: @iaramastine
Youtube: iaramastine
Linkedin: iaramastine
Consultório: 11 98342 8585

Devemos cultivar a empatia que nos permite tentar perceber o que experienciam e sentem os nossos filhos em nossa perspectiva. Uma tentativa de perceber as necessidades dos filhos e as nossas também.

É um caminhar contínuo, que deve ser construído com criatividade e sentido de humor para encontrar formas de restaurar continuamente a relação. É identificar o amor mesmo em momentos que discordamos das atitudes.

Isso é algo que ninguém nos ensina. Temos de aprender por nós, por meio de uma escuta interior, para que sintam a tal presença empática e não rejeição.

A grande transformação acontece em nós, enquanto pai, mãe e educador. A oportunidade de fazer diferente e de forma consciente surge momento a momento em cada interação, pois é pelo exemplo que essa transformação acontece quando ensinamos os nossos filhos a colaborar em vez de obedecer, a comunicar em vez de mandar, a serem receptivos em vez de reativos, a reconhecerem em vez de julgarem, a entenderem o comportamento em vez de controlar e assim aprenderem a viver com ele.

Jacqueline Vilela Gomes Kikuti

Psicanalista, fundadora da Parent Brasil, empresa pioneira na formação de profissionais parentais. *Master coach* com MBA em *Coaching*, formada pela Parent Coaching pela ACPI - Academy for Coaching Parents International (EUA). Autora dos livros *Detox digital* e *Meu filho cresceu e agora?*. Cofundadora do Congresso Internacional de Educação Parental.

Contatos
contato@jacquelinevilela.com.br
11 99696 0373

A consciência do não julgamento é um elemento muito importante na prática do Mindfulness, que significa prestar atenção, de propósito, no momento presente, sem julgamento.

A prática do não julgamento é desafiadora porque, se você prestar atenção nos seus pensamentos, vai perceber que possui opinião para absolutamente tudo o que te acontece. O nosso julgamento gira em torno de: eu gosto, eu não gosto, eu quero, eu não quero, isso é bom ou mau, eu acredito nisso ou naquilo. Por isso, esqueça a ideia de que não haverá mais julgamentos na sua vida e se concentre em perceber o que e o quanto você julga determinadas pessoas ou atitudes. Observe que, quando os seus julgamentos são rígidos e duros, você se torna refém de uma única perspectiva e cria barreiras que afastam, excluem, comprometem os vínculos. Já praticar a consciência do não julgamento requer uma atitude de curiosidade, abertura e aceitação da realidade, o que significa cultivar o discernimento para reconhecer os fatos, pensar sobre eles sem reagir imediatamente e criar uma experiência a partir dessas reflexões.

Um bom começo para praticar o não julgamento é pensar além das suas próprias ideias e opiniões, questionando os pensamentos tóxicos, inclusive os direcionados a você. Com a prática, você conseguirá viver uma vida mais autêntica no momento presente.

Malucha Nunes Caetano Pacheco

CRP12/06041

Psicóloga; mestre em Contos Terapêuticos; pós-graduada em Educação Especial Inclusiva e Psicologia Escolar. Formação em Disciplina Positiva; facilitadora licenciada no programa Educação Emocional Positiva; especialista em Avaliação Psicológica; mentoria em Parentalidade Consciente. Autora dos livros infantis *O tigrinho Davi: aprendendo a não morder os amiguinhos*; *Tchau, tchau, fraldinhas, Tchau, Tchau;* e *Tetê que maravilhoso te conhecer*. Mãe de Anallu, de 11 anos, e Alice, de 6 anos.

Contatos
psicomalucha@gmail.com
Instagram: @Psicomalucha

É preciso encontrarmos um modo de enfrentarmos o estresse em nossa vida diária; com certeza, a primeira coisa a se fazer é nos tornarmos conhecedores dos nossos julgamentos automáticos, para que saibamos olhar além das nossas discriminações e receios. Quando nos damos conta disso, podemos enxergar este tipo de pensamento quando surge e simplesmente nomeá-lo como julgamento e continuar a nossa prática. Assim, ao surgir pensamento que julga, que possamos simplesmente observar esse pensamento e não adicionar outros pensamentos sem diálogos extras, não julgando nada, retornando a nossa atenção para o que estamos fazendo. Aqui a perseverança é essencial; embora esse conceito seja simples, é difícil de ser vivido e colocado em prática. Quando estivermos com nossos filhos, que possamos responder com atenção aos comportamentos ou ações, em vez de reagir. Dessa forma, estaremos trabalhando aceitação pelo nossos filhos e, consequentemente, por nós. Poder cultivar o relacionamento fortalece o vínculo familiar além de outros benefícios.

Sandra Cristina Brandão

CRP 04/54902

Psicóloga graduada em Psicologia pela Pontifícia Universidade Católica de Minas Gerais. Pós-graduada em Gestão Emergências em Saúde Pública pelo Instituto Sírio-Libanês de Ensino e Pesquisa. Formação em TCC, Psicopatologia Infantil e Adulto e DBT. Mentoria de Parentalidade Consciente com Iara Mastine.

Contatos
s.brandao@hotmail.com
31 99724 7714

Como praticar o não julgamento, se a mente tem essa tendência?

O desafio é sair do automático e estar consciente no presente. Ao identificar um julgamento, pare, respire e reflita sobre o julgamento. Faça um autoexame antes de julgar os outros. Se não foi o suficiente, conteste seu próprio pensamento lembrando que sua razão é apenas a vista de um ponto, e não a verdade inteira.

A mudança comportamental do não julgamento flexibiliza ou quebra a crença rígida de que todos temos que ser perfeitos para sermos aceitos ou amados.

Não importa o que você faça, o quanto se esforce, sempre haverá alguém para dizer que não fez o suficiente e isso não é um problema seu, mas é uma insuficiência daquela pessoa em julgar.

Olhe para essa situação com compaixão. Pratique a autocompaixão enxergando a crítica com gentileza, preocupação, apoio e de forma amável a si próprio, como você faria com um(a) amigo(a) em alguma dificuldade. A autocompaixão permite o acolhimento, a aceitação como se é, diminuindo, as cobranças e críticas sobre você, aceitando a fala do outro como algo construtivo. Agradeça e siga no seu processo de desenvolvimento.

Aceitar-se e ao outro como ele realmente é ou consegue ser está intimamente ligado ao amor incondicional. Compreender que cada um tem seu processo e ritmo de evolução.

Seja empático. Não julgue. Ajude!

Taissa do Amaral Launé Ximenes

Educadora parental e *coach* infantil, graduada em Enfermagem e Obstetrícia pela UFRJ. *Kids coach* e *coach* familiar pelo Instituto de Crescimento Infantojuvenil (ICIJ). Analista de mapeamento de perfil comportamental pela Solides; educadora parental com ênfase em parentalidade consciente. Casada há 15 anos com Marcelo Ximenes e mãe de Pedro (12 anos), Giovanna (10 anos) e Benicio (5 anos).

Contatos
talaune@yahoo.com.br
Instagram: @taissaximenes1

Aprendemos a julgar desde muito cedo e, apesar de crescermos, continuamos a utilizar o mesmo critério de julgamento de quando éramos crianças. Julgamos pessoas, emoções ou fatos como bons quando nos sentimos bem; ruins, porque nos sentimos mal e; neutros, quando não associamos o evento ou a pessoa a uma sensação de prazer ou desprazer.

Vivemos uma vida reativa baseada em falsos julgamentos, associada à correria do dia a dia e à falta de conexão com nós mesmos.

Apesar de ser da natureza da mente pensar e julgar, você pode fazer isso de forma consciente. Basta pausar, respirar, observar e aceitar seus pensamentos quantas vezes forem necessárias. Assim, você estará adotando uma atitude de não julgamento.

E adotar uma atitude de não julgamento não significa simplesmente interromper todo e qualquer julgamento, porque isso seria uma tarefa quase impossível.

No entanto, por meio dela, nos tornamos mais conscientes e presentes do que estamos vivendo. Passamos a notar nossa tendência natural de julgar constantemente, observamos as histórias e os padrões que se repetem na nossa mente, e podemos avaliar a qualidade desses pensamentos.

Comece hoje a praticar. Deseja não julgar nada que aconteça neste dia e repita essa intenção todos os dias.

Seja gentil com você quando o julgamento vier.

E ao tomar consciência dos seus julgamentos, faça escolhas que não alimentem tais pensamentos.

Thalita P. Gonçalves Guindo

Educadora Parental certificada pela PDA-USA. Formada em Inteligência Emocional na Escola de Parentalidade e Educação Positiva - Portugal. Mentoria de Parentalidade Consciente com Iara Mastine. Pedagoga - Unimep. Psicopedagoga - pós-graduada em Psicopedagogia Clínica e Organizacional pela IBFE. Pós-graduada e especialista em Educação Infantil e Alfabetização pela Anhembi Morumbi. Psicoterapeuta - pós-graduada em Psicoterapia pela Faveni. Capacitadora de *Mindfulness* para profissionais da infância e adolescentes pela Automadoria em parceria com o Instituto Mindfulness e Cia. Cursando Psicologia na Anhembi Morumbi.

Contatos
Instagram: @thalitaguindo
19 99912 1819

Olhe-se no espelho diariamente e sorria para ver a pessoa incrível que é. Ame cada pedacinho que compõe seu corpo, pois todos são únicos e especiais. Esquecer o julgamento nesse momento faz toda a diferença para essa ação. Pratique este exercício todos os dias e verá o quanto é perfeita(o) e feliz com as escolhas que fez na vida.

Mudar o seu jeito, suas atitudes, a sua personalidade por alguém ou só para ter alguém ao lado estará enganando você mesma(o). Se aceite do jeito que você é e não como as pessoas gostariam que você fosse.

Aceitar é reconhecer que podemos estar em dificuldade e, por estar assim, promovo mudanças. É reconhecer que podemos moldar nossos pensamentos, acolher nossas respostas e nos comprometermos em escolher a melhor resposta possível.

Pergunte o que está acontecendo e o que você pode fazer. A resposta está dentro de você.

Confie no seu potencial e invista em você. Acredite no quanto é capaz e nunca desista dos seus sonhos. Siga em frente.

Essa atitude de aceitação sem julgamento diminui o sofrimento causado pela resistência da não aceitação e promove espaço e energia para você atuar naquilo que acredita.

Paciência

Cynthia Cristina Rodrigues Pereira

Neuropsicopedagoga e psicopedagoga formada pelo Mackenzie. Especialista em desenvolvimento infantil, psicomotricidade pela FMU, terapia familiar pela Ucamprominas, mestranda em Psicanálise. Mentoria de Parentalidade Consciente com Iara Mastine.

Contatos

psicocynthiapereira@yahoo.com.br
11 98830 2058

Quando pensamos em paciência, muitas vezes nos vem à mente aquela imagem doce e serena dos monges isolados em uma montanha bem alta e praticando o esperar de cada ensinamento que eles recebem ou, então, pensamos em determinadas pessoas que conhecemos que, mesmo tendo passado por vários problemas, se colocam de forma calma e muito serena, parecendo até pacatas e que aceitam tudo aquilo que a vida lhes traz.

Outra visão do conceito que acolheremos: a paciência nossa do dia a dia, da rotina real, a de saber respirar fundo, meio a uma birra dos filhos; ter a calma de sair momentaneamente de uma situação que está gerando nervosismo e lembrar que, por exemplo, um comportamento inadequado da criança não acontece com o objetivo de afrontar as mães direta e propositadamente, mas sim uma forma ainda equivocada de expressar seus sentimentos e pensamentos e, que precisa de nossa paciência para ensiná-la a melhor agir.

A paciência de poder observar a situação de fora e praticar mais assertividade nas relações enquanto mãe e tranquilizar os corações perante o caminho, em direção à construção desse conhecimento de o que seria essa tal "paciência de mãe".

A mãe paciente não é, nem de longe, aquela mãe passiva, que tudo aceita e que agrada seus filhos lhes dando sempre respostas positivas às suas demandas.

Quando as coisas parecerem fora do controle e aquele nosso lado de autoexigência for acionado, lembre que podemos ter como um bom objetivo sermos mães pacientes, que entendem o tempo certo de agir, que o desenvolvimento dos nossos filhos tem seu tempo também, assim como uma fruta que precisa de paciência para ficar madura. Sejamos sábios como um rio que sabe seguir seu curso: nem antes e nem depois, mas no momento certo, com fluidez, repleto de muito amor e dedicação e, jamais esquecendo que somos mães também em desenvolvimento e, por isso a autopaciência é uma grande aliada nossa.

Fernanda Aroni Hatanaka

CRP 06/69607

Mulher, psicóloga, filha de Carmo e João, mãe da May, esposa do Rica. Trajetória de 20 anos em grandes empresas, foco em aprendizagem e qualificação profissional. *Head* do Instituto Febraban de Educação. Graduada em Psicologia pela USP, *pós-graduada* em Ferramentas de Qualidade pelo InCor e mestre em Psicologia Social pela USP. Mentoria em Parentalidade Consciente e Estudos de Livroterapia com Iara Mastine.

Contatos
fernanda.hatanaka1@gmail.com
LinkedIn: Fernanda Aroni Hatanaka
11 98140 6939

É sobre acessar o seu 'eu' e, na mais conectada dança que a natureza proporciona, encontrar pontos de desequilíbrio, equilíbrio, harmonia e reconhecimento dos sentimentos em cada nota que toca com sua cria.

É permitir olhar com acolhimento e paciência para nossos desafios em cada ciclo e compreender que não é a única, respirar mais vezes e reconhecer o que te mobiliza.

É conectar, aprender a viver mais o sentir, expressar e dialogar. É evoluir no movimento de encontro e desencontro que cada mãe e filho vive. É desenvolver o respeito por um ser que é único e diferente de você.

Transbordar sempre seu amor e carinho. Fugir do lugar de controle e ser um porto seguro, que estabelece limites sem negligenciar afeto. É criar expectativas, recriar e jogá-las fora.

Descobrir que cada um tem sonhos a seguir e respeitar momentos de silêncio e querer ficar só. Bem como sentimentos que, por vezes, negligenciamos: raiva, tristeza, medo, mau humor.

Siga com respeito por você e sua cria, pelas diferenças e essência que pulsa em cada um. Encontre sempre afinidades e momentos de diversão e leveza que abastecem a convivência. É sobre encontrar esse lugar que nutre o amar, escutar, compreender e respeitar.

A cada brinde e oração, siga a relembrar a importância de celebrar a vida, a companhia, a lembrança das pessoas amadas e o pote de gratidão diária que constroem juntas.

E que na bela dança da vida, de movimentos infinitos, respeite a música que guia cada uma de nós, com paciência e leveza.

Helena Gonçalves Bourroul

CRP 06/69651

Contatos
andreafferrara@hotmail.com
Instagram: @helenabourroul
11 99530 2540

Pós-graduada em Clínica Interdisciplinar com o Bebê pela PUC-SP e especialista em Terapia Cognitivo-comportamental; *Expert Parent Coach* pela Parent Coaching Brasil; educadora parental certificada pela PDA-USA. Facilitadora do Programa Encorajando Pais; mentoria em Parentalidade Consciente com Iara Mastine; coautora do livro *Conectando pais e filhos* volume 2 e dos baralhos *Resgatando o amor próprio* e *S.O.S. amor próprio*. Atua como psicóloga clínica e educadora parental.

Viviane Iziquiel

CRP 06/80248

Contatos
vivianeiziquiel@gmail.com
Instagram: @semeandovinculospsicologia
11 98496 4530

Psicóloga do Ambulatório de Especialidades – AME – Psiquiatria Drª Jandira Mansur. Psicóloga infantil/Psicoeducação para Pais - na Clínica Iara Mastine. Especialista na abordagem Terapia Cognitivo-comportamental. Pós-graduada em Psicologia Hospitalar, especialista em Saúde Mental (Santa Casa de São Paulo). Graduada em Psicologia (Mackenzie). *Expert* em *Coaching* Parental (Parent Coaching Brasil). Certificação em Inteligência Emocional e Gestão das Emoções (IBC - Coaching). Facilitadora e certificada em Meditação para crianças e famílias (Mágica da Meditação). Mentoria em Parentalidade Consciente com Iara Mastine. Atua, desde 2005, com atendimento focado em saúde mental para crianças, mulheres e famílias. Coautora do livro *Primeira infância* vol: 1 (Literare Books, 2020). Coautora do livro *A psicologia na saúde: da atenção primária à alta complexidade*.

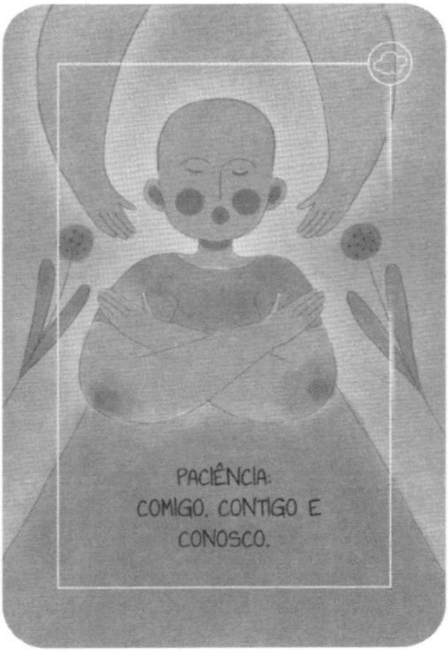

Paciência de maneira poética é o intervalo entre a semente que plantamos e as flores que colhemos.

Paciência é uma habilidade que necessita de constante aprendizado e aperfeiçoamento, pois manter o controle das emoções com equilíbrio sem perder a calma, necessita de um olhar tolerante primeiramente com suas necessidades, para depois conseguir ser tolerante com aquilo que o outro nos traz.

Paciência comigo: ser paciente comigo é respeitar meu processo, o meu tempo, meu ritmo, olhar para mim com compaixão para assim me perceber como uma pessoa que tem erros e falhas como qualquer outra pessoa.

Paciência contigo: é perceber que você é diferente de mim, diferente das expectativas que criei, que desejei, tudo bem, pois é essa diferença que torna você essa pessoa maravilhosa, onde com paciência e respeito vamos nos entendendo e nos conectando ainda mais.

Paciência conosco: é pensar que toda a relação é construída com a semente da paciência, para assim sermos um e sermos dois, cada um com seu momento e suas necessidades, onde a paciência permeia e faz existir a compreensão, a comunicação e o amor entre os envolvidos.

Paciência é como uma semente que precisa ser regada e cuidada a cada instante, um aprendizado possível, para viver em paz, ter um olhar para a vida com mais serenidade e tolerância, sabendo esperar o desabrochar das flores.

Iara Luisa Mastine

CRP 06/79034

Iara Luisa Mastine é psicóloga, neuropsicóloga, especialista e *trainer* em *mindfulness* infantil. Reside em São Paulo, onde atua como psicoterapeuta infantojuvenil e na orientação de pais. É palestrante e facilitadora de treinamentos referentes à parentalidade e ao desenvolvimento infantil. A literatura infantil está sempre presente em seu dia a dia, assim como o ato de construir e adaptar histórias que proporcionam a reflexão e a construção de novos conceitos e recursos terapêuticos. É a idealizadora do Livroterapia infantil. Trabalhar com crianças e brincar com a imaginação e a criatividade foi a forma que encontrou para colocar em prática seu encanto por esse público tão especial.

Contatos

www.iaramastine.com.br
Instagram: @iaramastine
Youtube: iaramastine
Linkedin: iaramastine
Consultório: 11 98342 8585

Parentalidade consciente é uma jornada. Paciência é uma atitude essencial para a construção desse caminho.

Com paciência, somos estimulados a confiar em nossas intenções, em nossas escolhas, no amor-próprio e no amor que temos pelos nossos filhos. Paciência para reconhecermos que, mesmo desviando do caminho traçado, ainda podemos voltar às nossas intenções, que nos darão uma direção clara à qual podemos sempre regressar.

Toda caminhada começa com um primeiro passo. A caminhada tem seu ritmo; às vezes mais longa, outras, bem rápida. Durante alguns passos, podem ocorrer tropeços. Esses tropeços podem ser minimizados quando praticamos a atenção plena. É estar atento ao momento presente, prestando atenção ao que os nossos filhos sentem e ao que nós próprios sentimos, trabalhando em soluções conjuntas que satisfaçam ambas as partes, em vez de atribuirmos culpas, deixa esse caminhar bem mais seguro.

Com paciência e segurança, chegamos longe, construímos relações fortes, duradouras, relações conscientes que favorecem o amor incondicional.

As respostas estão sempre dentro de cada um de nós e, mesmo que em algum momento não as encontremos, ou não conseguimos aceitá-las, mais tarde ou mais cedo a mesma resposta volta a surgir. Em caso de dúvida, escute seu coração, com paciência e amor.

Kelly Cristina Ramos Toscano

CRP 75537

Psicóloga e psicopedagoga; mestre em Educação pela Universidade Metodista de São Paulo; graduada em Psicologia pela Universidade Metodista de São Paulo; pós-graduada em Psicopedagogia pela Universidade Estácio de Sá; Mentoria em Parentalidade consciente com Iara Mastine.

Contatos
kelly.toscano@hotmail.com
11 99980 9094

Ter paciência e esperar o desabrochar em seu tempo é um grande desafio. Conter as expectativas em relação aos filhos se torna uma tarefa desafiadora, uma vez que estamos revestidos de desejos, cercados de exigências e comparações que muitas vezes são criadas por nós mesmos.

Ser paciente não significa fazer as coisas com calma, mas deixar as coisas acontecerem em seu tempo. É se abrir para contemplar o fluir das diferentes etapas da vida e do desenvolvimento.

Não se trata de deixar os filhos caminharem sozinhos, mas de estar aberto a participar de cada etapa de seu desenvolvimento compreendendo e valorizando cada momento.

É valorizar cada tentativa antes que se efetive os primeiros passos; admirar cada letra produzida, mesmo que ainda não tenha nenhuma relação com a palavra que se quer escrever; é olhar para os erros como um desvendar do caminho que se percorre para se chegar ao conhecimento.

Ser paciente é se abrir para percorrer o rico caminho da conquista, vivenciando cada etapa em sua complexidade.

Marcela Almeida Sabino da Cunha

CRP 06/176658

Atuação clínica na infância, adolescência e orientação para pais; orientação profissional para adolescentes. Formação e pós-graduação em Psicologia Cognitivo-comportamental. Formação em psicopatologia; certificação em Disciplina Positiva pela PDA; Mentoria de Parentalidade Consciente com Iara Mastine. Casada com Pablo Cunha e mãe de Júlia (15 anos) e Laura (12 anos).

Contatos
contatomarcelacunha@gmail.com
Instagram: @marcelacunhapsi
11 94742 8127

A paciência é uma das virtudes mais importantes e necessárias, e é possível que seja também uma das que mais fazem falta hoje.

No dia a dia, a paciência nos falta algumas vezes quando não sabemos suportar até mesmo uma pequena contrariedade. Desejamos ver a paciência nos outros e apreciamos quem a possui, mas algumas vezes nossas atitudes também são sobrecarregadas com o imediatismo da geração atual.

Um fato importante é não confundir ser paciente com ser passivo. A passividade não nos protegerá diante dos desafios. Porém, a paciência mantém nossa mente clara e alerta para agir de maneira positiva.

Entendamos que nossa vida não é estável, mas cheia de oscilações. Quando as coisas parecem dar errado, parecem não ter solução, a paciência pode ser o melhor caminho.

Se almejamos viver em um mundo caracterizado pela harmonia, bondade e bem-estar, é necessário reconhecer as nossas responsabilidades e a importância da pausa.

Assim, podemos afirmar que a impaciência, a pressa e o imediatismo podem provocar dores e sofrimentos atrozes. Existe uma leveza na paciência, pois a impaciência, a preocupação e a ansiedade são partes do grande peso da vida.

Toda a natureza nos dá essa lição: crescer devagar, sem parar, com paciência e em silêncio.

Feliz de quem sabe contemplá-la e aprender as suas belas lições.

Quando é difícil caminhar depressa, então é preciso ter paciência e aceitar caminhar devagar.

Michele Troglio

Mãe. Advogada. Mediadora e orientadora familiar. Facilitadora em Disciplina Positiva e Parentalidade Consciente. Escritora. Coordenadora de atividades preventivas de educação socioemocional para crianças e educadores. Coordenadora da pós-graduação em Orientação Familiar e Educação Parental - InTCC-Rio. Sócia-diretora do ConCriArt e do InTCC-Rio. Autora do livro *Omnus - atlas das competências socioemocionais* e do Programa Omnus de habilidades socioemocionais.

Contatos
Redes sociais:
@michele_troglio
@dinamicart.oficial
@universo.omnus
@intccrio
@concriart
21 97500 0501 / 21 99852 3396

Desde pequenos, escutamos: "Tenha paciência, calma!", "Não tenha pressa de crescer, tudo tem seu tempo!", mas por que será que essa atitude é tão desafiadora de ser introjetada e praticada, tanto na infância quanto na vida adulta?

Tornar-se paciente é um processo que necessita de uma tomada de decisão e de um ambiente que promova exemplos práticos. Desenvolver essa postura requer uma conexão com as emoções, pensamentos e necessidades. Em muitos momentos, somos levados a reagir às situações de forma automática e impensada. Isso acontece por estarmos desconectados com o presente. Nessas circunstâncias, nossa comunicação pode não corresponder às nossas reais necessidades e, além disso, a forma de nos expressarmos pode se afastar da forma assertiva, permitindo que a agressividade ou a passividade prepondere.

Praticar a paciência não é uma questão de ser passivo ou de não se posicionar e desistir. É ter a habilidade de parar e determinar quando agirá e quando esperará e aceitará que algumas coisas não podem ser apressadas, que precisam do seu próprio tempo para acontecerem. Ao cultivarmos a paciência, fortalecemos a capacidade de confiar e aceitar o momento presente, acolhendo os acontecimentos da vida sem julgamentos. Quando praticamos a paciência, administramos melhor nossas reações emocionais às circunstâncias externas. Por isso, reconhecer e validar as emoções, entender os pensamentos e interceptar um comportamento baseado nos reflexos cognitivos nos leva a praticar uma comunicação consciente capaz de nos aproximar do estado de bem-estar.

Deixar ir

Ana Paula Dieb Coronado

CRP 17/2194

Especialista em Terapia Cognitivo-comportamental da Infância e Adolescência e autora do livro *Terapia para crianças.* Psicóloga.

Contatos
anapdieb@hotmail.com
Instagram: @anapdieb

Entregamos aos nossos filhos um mundo externo e, especialmente, interno. Àquele que carregamos dentro de nós – nossos valores, a educação recebida, tanta coisa aprendida. O desafio de educar, as exigências externas advindas do cenário atual recheado de estímulos e obrigações, a correria da rotina, a cabeça cheia de "coisas adultas" permeiam o maternar. Em meio a tudo isso, ao conectarmos com o que desejamos enquanto mãe, o que podemos entregar de coração?

Com o coração, surge algo que vai além do estar presente, é estar de forma leve. A leveza pode estar na maneira de comunicar algo, de ensinar, de brincar, de se expressar... uma atitude que aproxima, sintoniza, conecta. Como bem diz Tsabary (2017), para nos relacionarmos com nossos filhos de qualquer idade, é necessário encontrar um meio de aproximar a energia emocional deles

Resgatar a nossa criança interior, mergulhar nos interesses dos nossos filhos, proporcionar momentos leves, com receptividade, respeito, confiança, ajuda na construção de uma relação saudável e é um preparo para futuras relações (SIEGEL & BRYSON, 2015).

Muito mais do que fazer, é ser. É preciso que eles vejam em nós o que queremos ver neles (SCHETTINI FILHO, 2018).

Andreia Martins da Silva

CRP 09/ 1446

Graduada em Psicologia pela PUC-GO; pós-graduada em Psicopedagogia pela UFG-GO. TCC: Terapia Cognitivo-comportamental - Unyleya-SP; Crianças e Adolescentes - Sede Sapiens - SP; Certificação Internacional: Educadora Parental em Disciplina Positiva (PDA). Mentoria de Parentalidade Consciente - Iara Mastine.

Contatos
andreiapsicologia64@yahoo.com
62 99653 8939

Acolher, aceitar e transformar "Nossansiedade" não é algo fácil. Isso pressupõe admitir que ela em nós habita. Então, como lidar com "nossansiedade" e com a que chega de carona com nosso filho sem misturá-las?

Na relação maternal é comum receber essa "visita"! Que tal tentar promover uma reflexão que equacione e localize a ansiedade? Separar "nossansiedade" (ansiedade da mãe e do filho) leva ao autoconhecimento e promoção da gestão emocional equilibrada para ambos, gerando maior conexão afetiva na relação.

Ao acolher a ansiedade, observe-a com atenção, carinho e cuidado. Isso possibilita a compreensão e percepção de onde ela vem e como afeta os pensamentos, emoções e comportamentos.

Esta observação promove regulação emocional, evitando fusionar e expandir a ansiedade do nosso filho. Se "nossansiedade" pode ser alimentada por diversos fatores, também pode ser aliviada por outros. Vamos exercitar?

Acolha e aceite a ideia de que "nossansiedade" pode ser uma constante saudável em nossas vidas. Ela é "Nossa". Ela é presente incondicionalmente, porém é vivida com intensidade emocional única por cada ser. Cuidar da sua ansiedade habilita seu filho a cuidar da ansiedade dele e proporciona a compreensão sobre a mesma, ampliando a utilização de estratégias para viver com mais leveza.

Caroline do Carmo de Mattos

CRP 06/162570

Graduada em Psicologia pela UNIP, pós-graduada em Neuropsicologia pelo Albert Einstein; mentoria de Parentalidade Consciente com Iara Mastine. Casada há 8 anos com Paulo Rafael; mãe da Rafaela (3 anos) e do Leonardo (1 ano).

Contatos
www.carolmattospsicologa.com.br.
carolmattos.psicologa@gmail.com
Instagram: @mattosccarol
Facebook: @mattosccarol
11 98288 7463

Aceitar perder e aceitar deixar ir é um grande desafio. A questão não é escolher entre carreira e maternidade, a questão é escolher você. É possível conseguimos ser muitas em uma só, mas não todas ao mesmo tempo.

Quando estiver com seu filho, promova um tempo de qualidade – não importa se são três horas ou trinta minutos, mas que seja um tempo 100% de vocês. Quando estiver trabalhando, faça seu melhor sem culpa por ter deixado seu filho. Quando estiver cozinhando, tempere com amor, sem pensar na louça que virá depois.

Quando estiver se cuidando, dedique atenção a isso, curta, saboreie seu momento, não fique pensando no que ficou sem fazer, nos problemas que podem surgir ou no que poderia estar fazendo no lugar. Observe cada vez que seus pensamentos ameaçarem fugir e, com gentileza, o redirecione para o que está realmente acontecendo.

Ao começar a aplicar essa prática em sua rotina, repare se tem dificuldade em deixar alguma coisa partir, e investigue o que te mantém agarrado a esse desafio. Acolha sua intuição.

Kelen Cristina de Lima

ABPP/GO 13.0614/08

Especialização em ABA - Análise Comportamental Aplicada (2021). Especialização em Neuropsicopedagogia (2018). Licenciatura em Pedagogia (2016). Especialização em Metodologia de Ensino e Pesquisa na Educação em Psicopedagogia Institucional e Clínica. Licenciatura em Letras Português/Inglês (2007). Psicopedagoga clínica com atendimentos clínicos em consultório, há mais de 17 anos, para crianças com dificuldades e transtornos de aprendizagem. Estimulação cognitiva de acordo com o método ABA e Olhar Além do Sintoma. Docente universitária na faculdade Estadual de Goiás - UEG, campus Jussara-Go, como professora de estágio na educação infantil e no ensino fundamental I da turma de Pedagogiam. Ministra também a disciplina de Educação Especial e Inclusão. Orientadora de TCC nas áreas de inclusão e desenvolvimento infantil.

Contatos
kelencristinadelima@gmail.com
62 981271364

Reconhecer o seu limite de mãe e permitir ser cuidada é fundamental para continuar cuidando, só assim promoverá o fluir da vida por você.

O fio invisível do amor provoca a união familiar e está conectado com o autocuidado. Por isso, é preciso olhar para as necessidades do comportamento e não só para os desafios. Você não controla tudo, e por vezes podem acontecer coisas que não são tão boas quanto você esperava, e é neste momento que precisa entender que o limite é seu, enquanto mãe, mas se estiver conectada com seu filho, vai saber como conduzir a situação com amorosidade e confiança e, assim, conseguirá dar valor para as emoções e necessidades do seu filho.

Se for preciso pare, respire fundo, respeite o seu limite, veja até onde isso é bom para você. Enquanto mãe, é preciso aceitar as situações que você não pode mudar e simplesmente fazer o seu melhor com o que tem para o momento. Respeite, valorize e confie nas necessidades, desejos e emoções do seu filho assim como faz com as suas necessidades, os seus desejos e emoções. Confie no fio invisível do amor que existe entre vocês. É preciso ter uma relação de confiança e aceitar as coisas como são. Confiar em suas capacidades para incentivar as capacidades de seus filhos.

Lília Caldas

Educadora infantil certificada em *Early Childhood Education* na Austrália. Educadora parental na abordagem parentalidade consciente, com certificação pela Positive Discipline Association. Certificada no curso *First Nations' Perspectives For Teaching and Learning* pela Queensland University of Technology. Pesquisadora em sexualidade infantil e prevenção ao abuso. Mentoria de Parentalidade Consciente com Iara Mastine.

Contatos
liliacaldas.education@gmail.com
61 0447 689 362

Você já parou para pensar o quanto vivemos no automático? Isso porque, ao vivenciarmos certas experiências, tendemos a arquivá-las mentalmente. É como se já soubéssemos o que vai acontecer. Mas não é bem assim, cada experiência é única, seja boa ou ruim, e seu vivenciar sempre será diferente.

Pensar diferente e olhar as situações do cotidiano com um novo olhar é a saída. Como uma criança que acabou de chegar ao mundo, ávida por descobertas, pronta para dar e receber amor.

Quando apresentar comportamentos que lhe causam desconforto, enxergue como uma oportunidade de aprendizado. Não tenha a expectativa de estar sempre certa. Apenas esteja aberta para experimentar o novo, o que pode dar certo e o que pode não sair como o esperado. Perceba os detalhes independente do que está acontecendo no momento presente, com atenção e consciência.

Construa memórias afetivas com o seu filho. Seja criativa, amorosa e paciente. A criatividade agrega vitalidade à maternidade.

Marianne Aparecida Martins Lima

CRP 06/135110

Psicóloga formada pela Universidade Presbiteriana Mackenzie, educadora parental em parentalidade consciente, professora convidada da UEG (Universidade Estadual de Goiás), pós graduanda em Neurociências, Educação e Desenvolvimento pela PUC-RS e autora de diversos livros na área infantojuvenil e parental, entre eles: *Acontecia comigo e eu não sabia: ansiedade* e *Cadê meus pais? Como educar com carinho e se mostrar presente na vida dos filhos*. Reside em São Paulo, onde atua como psicoterapeuta infantojuvenil, com orientação de pais e supervisão para psicólogos.

Contatos
Instagram: @terapiadainfancia
terapiadainfancia@gmail.com
Facebook: Marianne Martins
11 96902 3516

“Tudo bem, mãe, eu já sei fazer.”
“Não precisa, pai, eu consigo.
Pode ir.”

Você provavelmente acharia estranho se o seu chefe te dissesse que faria o seu trabalho e – certamente – sentiria vontade de falar para ele ir embora. Por outro lado, você não se sente tão estranho(a) se decide por fazer tudo pelo seu filho. O estar o tempo todo pode indicar insegurança e transmitir um comunicado de que você não confia e, portanto, tem de fazer.

Estar com o filho pode ser também o “não estar” e você saberá quando tem de “deixar ir”, o controle a partir do olhar e escuta ativa para as reais necessidades dele. “Não estar” não significa ser negligente e sim ser consciente das capacidades que o seu filho já conquistou.

Da mesma forma que você confia nas suas capacidades, pode também confiar no seu filho. Isso fará com que possam estabelecer uma relação mais segura e fortalecer o vínculo entre vocês. Com a prática desse exercício, você – provavelmente – se sentirá mais confiante em dizer: incentivar a autonomia do meu filho é também uma forma de expressar amor.

Michele Nossa

CRP 06/84051

Contatos
cognipsiservicospsi@gmail.com
Instagram: michelenossapsi
16 99186 0947

Psicóloga clínica, público infantojuvenil, adultos e orientação familiar. Especialista em TCC e formações complementares em Parentalidade Consciente e Orientação Familiar.

Marcela Santos da Silva

CRP 06/123244

Contatos
masspsicologa@hotmail.com
Instagram: marcelasantos.psicoinfantil
16 99749 4453

Psicóloga Clínica. Público infantojuvenil e orientação familiar. Especialista em Análise do Comportamento e formação complementar em Parentalidade Consciente.

Numa relação, seja entre adultos ou crianças, temos que ter o mesmo respeito pelo valor de ambas as partes e pela integridade de ambos. Nossos desejos, nossas opiniões, nossos pensamentos, nossas necessidades e nossas emoções têm a mesma importância e o mesmo valor, não importa se somos adultos ou crianças.

Somos únicos. Minhas emoções, minhas necessidades, meus pensamentos e meus desejos têm o mesmo valor que as emoções, necessidades, pensamentos e desejos do meu filho, embora possam ser diferentes.

O exercício do igual valor sustenta o sentimento de pertencimento dos membros da família. É compreender que cada um possui as necessidades diferentes, mas quando reconhecidas, respeitadas e valorizadas promovem o direito de cada um ser quem realmente é.

"Ser você" é respeitar a individualidade e garantir seu lugar na família e no mundo. Não é sinônimo de permissividade, mas sinônimo de respeito à integridade da criança (da mesma forma que se deve respeitar a do adulto). Auxilia na promoção da autoestima saudável dessa criança e, também, a reflexão de que pode trazer suas opiniões e ser ouvida.

REFERÊNCIAS

ATLURI, J. *Mindfulness Journal for Parents: Prompts and Practices to Stay Calm, Present, and Connected*. Emeryville-California: Rockridge Press, Emeryville-California, 123p, 2021.

BEN-SHAHAR, T. *Being Happy: You Don't Have to Be Perfect to Lead a Richer, Happier Life*. New York: McGraw Hill, 2010.

BROWN, B. *A coragem de ser imperfeito*. Tradução: Joel Macedo. Rio de Janeiro: Sextante, 2016.

DIAS, M. G. *Crianças felizes: o guia para aperfeiçoar a autoridade dos pais e a autoestima dos filhos*. Barueri: Manole, 2020, 224 p.

NEFF, K.; GERMER, C. *Manual de mindfullness e autocompaixão: um guia para construir forças internas e prosperar na arte de ser seu melhor amigo.* Kristin Neff, Christopher Germer. Porto Alegre: Artmed, 2019.

ÖVÉN, M. *Educar com Mindfulness: guia de parentalidade consciente para pais e educadores.* Portugal: Porto Editora, 2015.

PERRY, P. *O livro que você gostaria que seus pais tivessem lido: (e seus filhos ficarão gratos por você ler).* São Paulo: Fontanar, 2020.

PIRES, S. B. *Mindfulness e estresse parental: relação com a qualidade de vida em famílias de crianças com necessidades especiais*, 2014. Tese de Doutorado.

REISCHER, E. *What Great Parents Do: 75 Simple Strategies for Raising Kids Who Thrive*. New York: TarcherPerigee Book, 2016.

ROSENBERG, M. B. *Criar filhos compassivamente: maternagem e paternagem na perspectiva da comunicação não violenta*. São Paulo: Palas Athenas, 2019.

SANCHES, L. *Mindfulness para pais*. Lisboa: Manuscrito, 2016.

SIEGEL, D. J. *Parentalidade consciente: como o autoconhecimento nos ajuda a criar nossos filhos.* Daniel J. Siegel e Mary Hartzell. São Paulo: nVersos, 2020.

SITA, M.; THOMAS, L.; MASTINE, I. *Coaching para pais: estratégias e ferramentas para promover harmonia familiar.* Literare Books: 2020.

TSABARY, S. *Pais conscientes: educar para crescer.* Lisboa: Pergaminho, 2015.